Perdu Dans L'abstrait

Livre de Coloriage Adulte Conçoit le Soulagement du Stress & Relaxation Edition

Coloring Bandit

Publié par Speedy Publishing Canada Limited

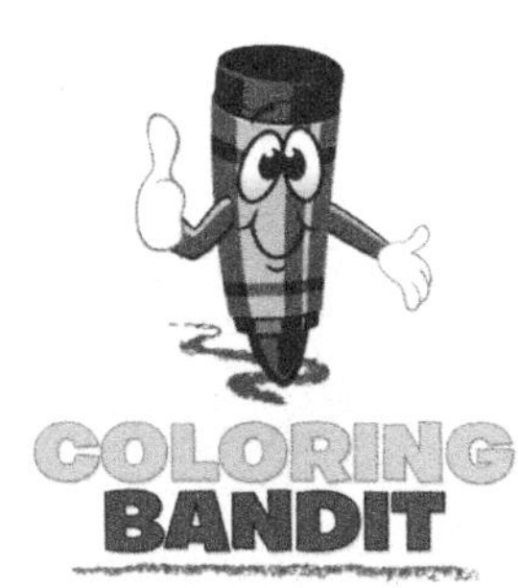

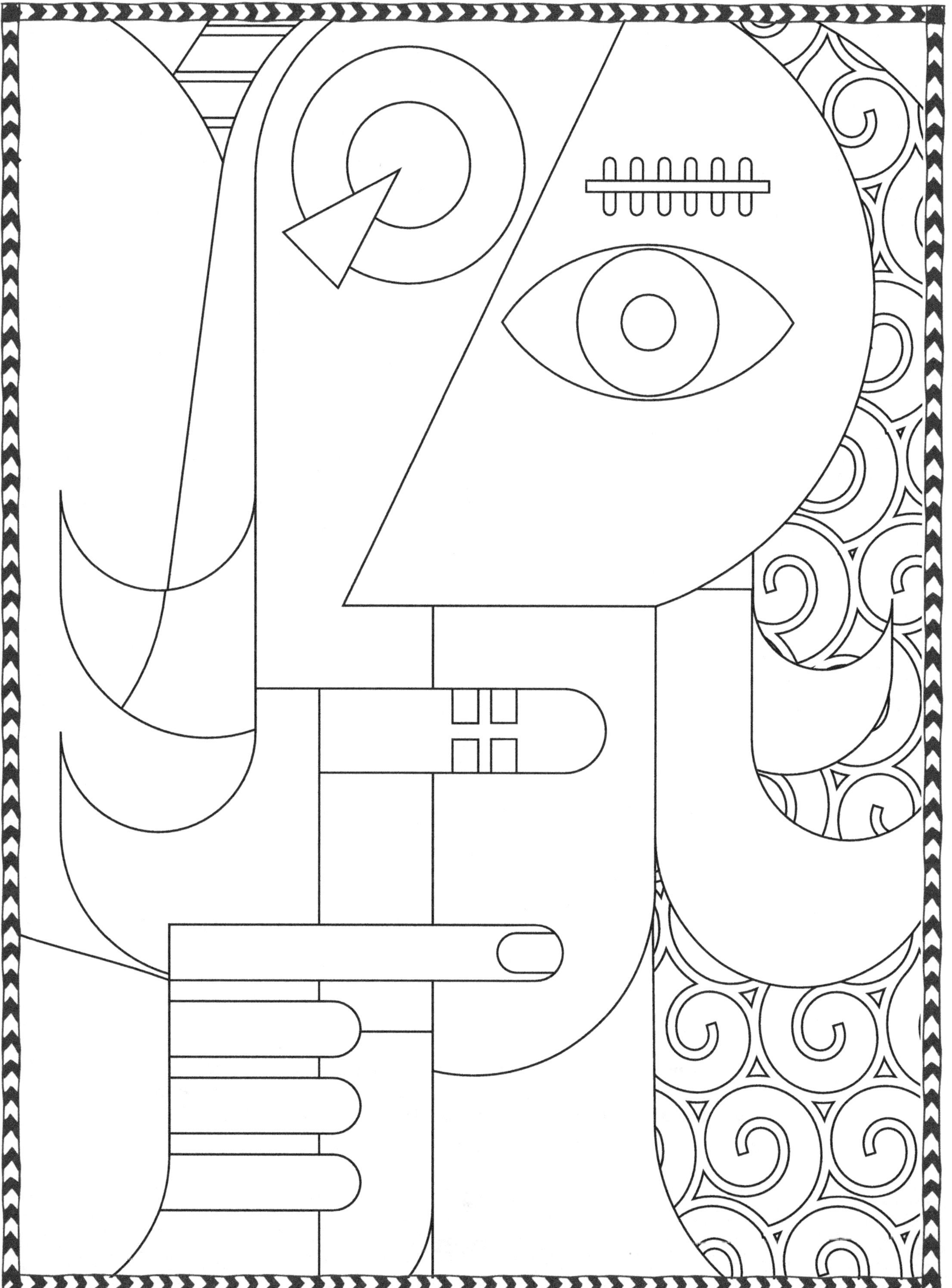

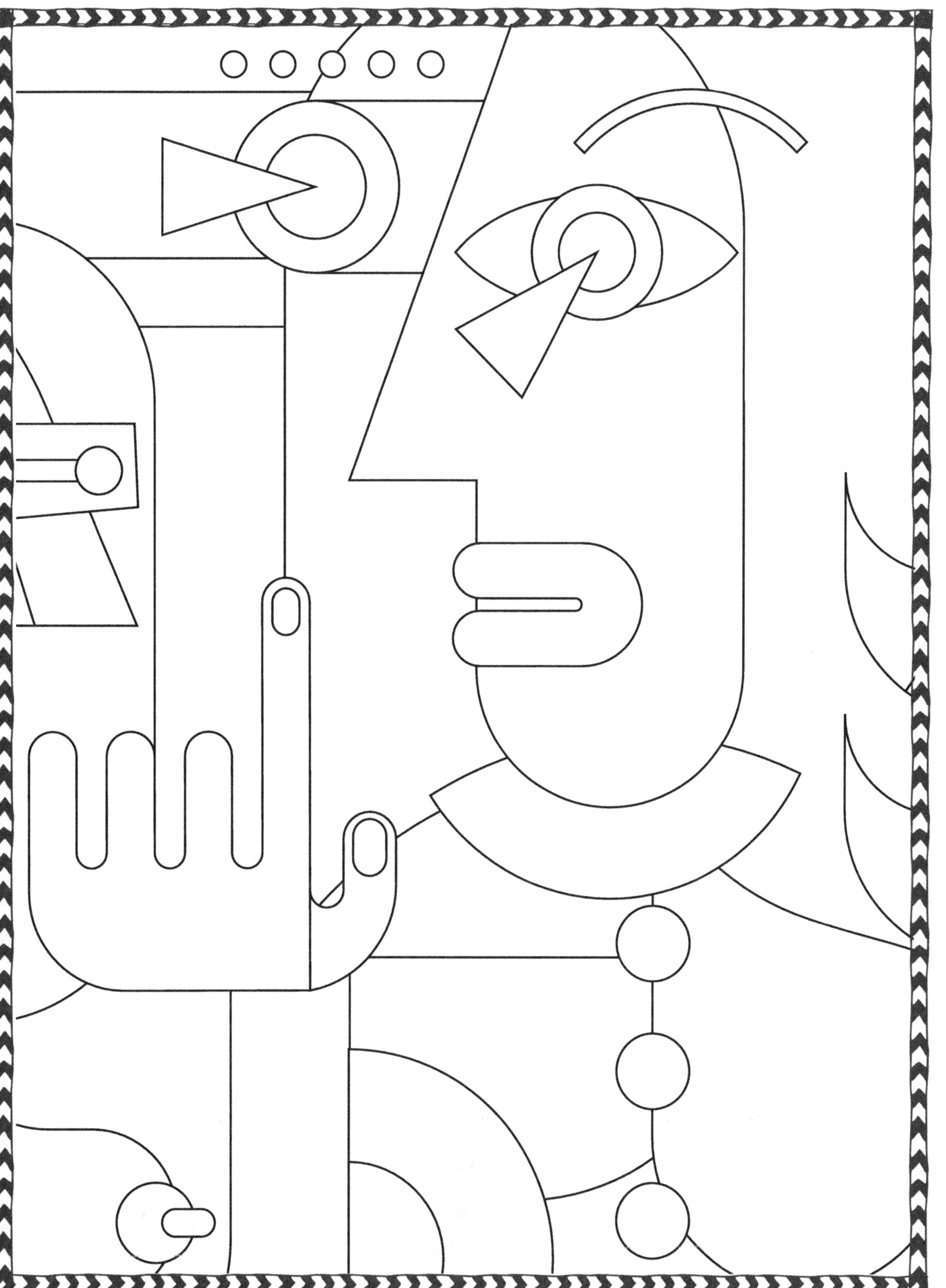

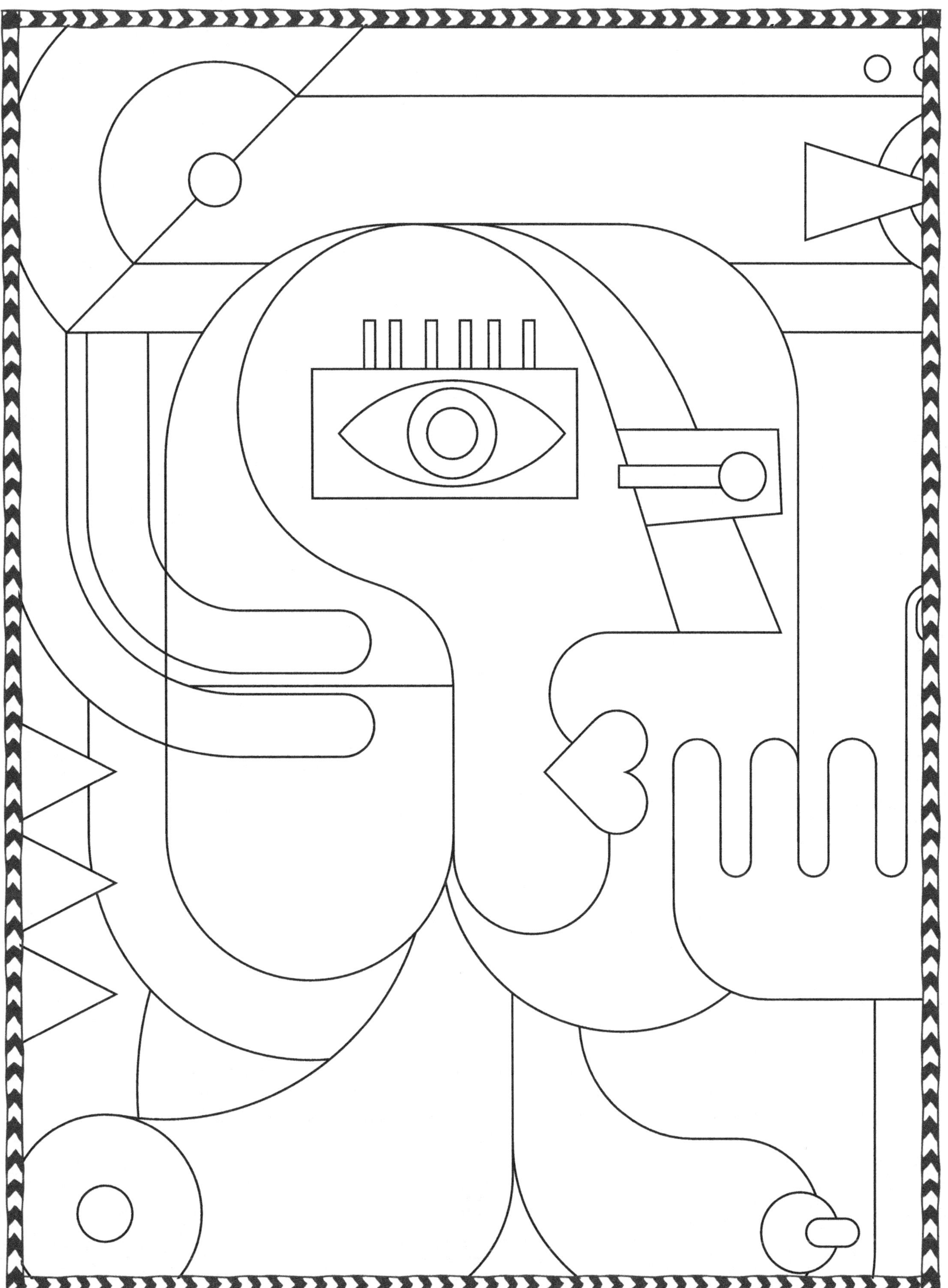

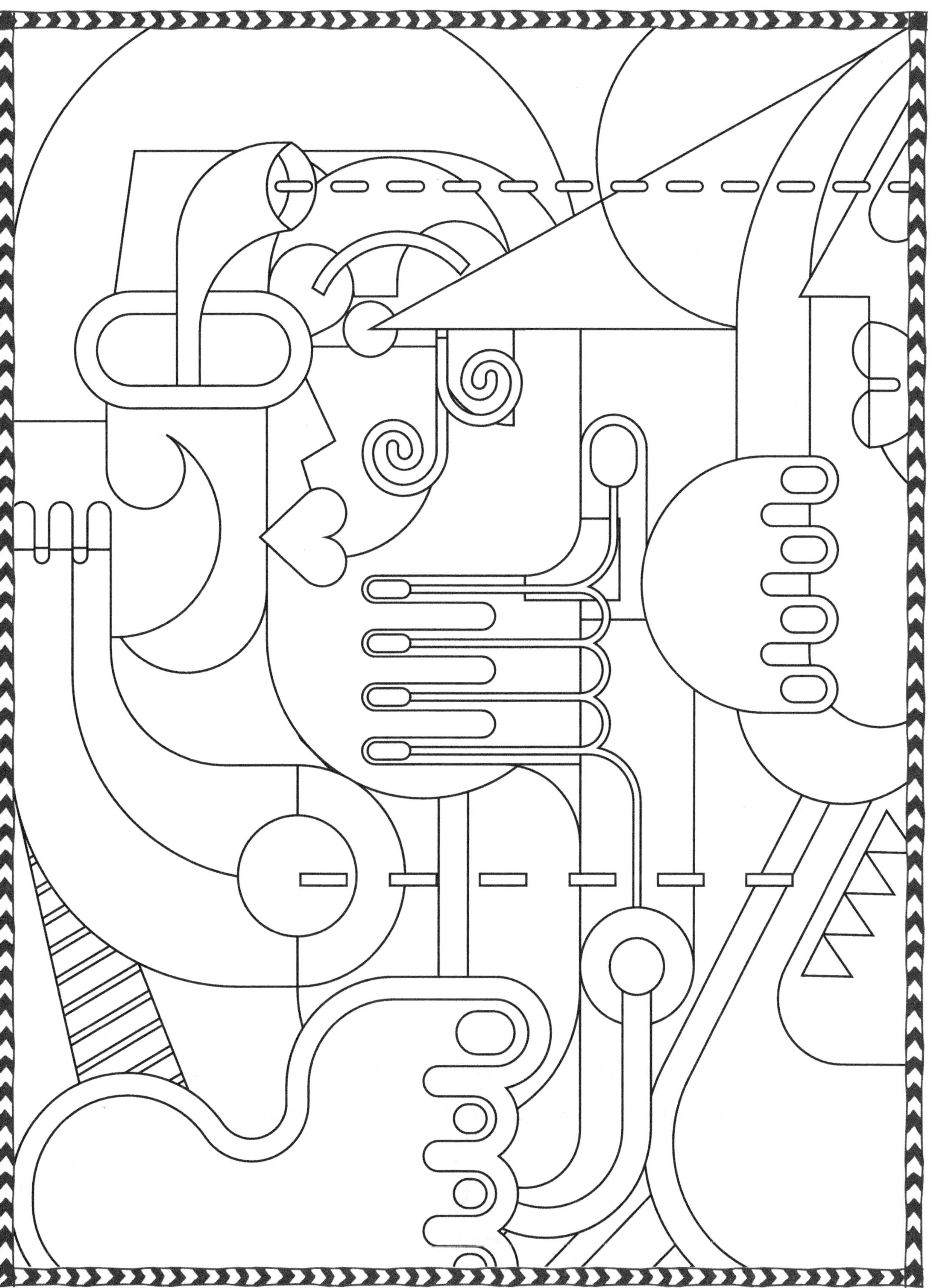

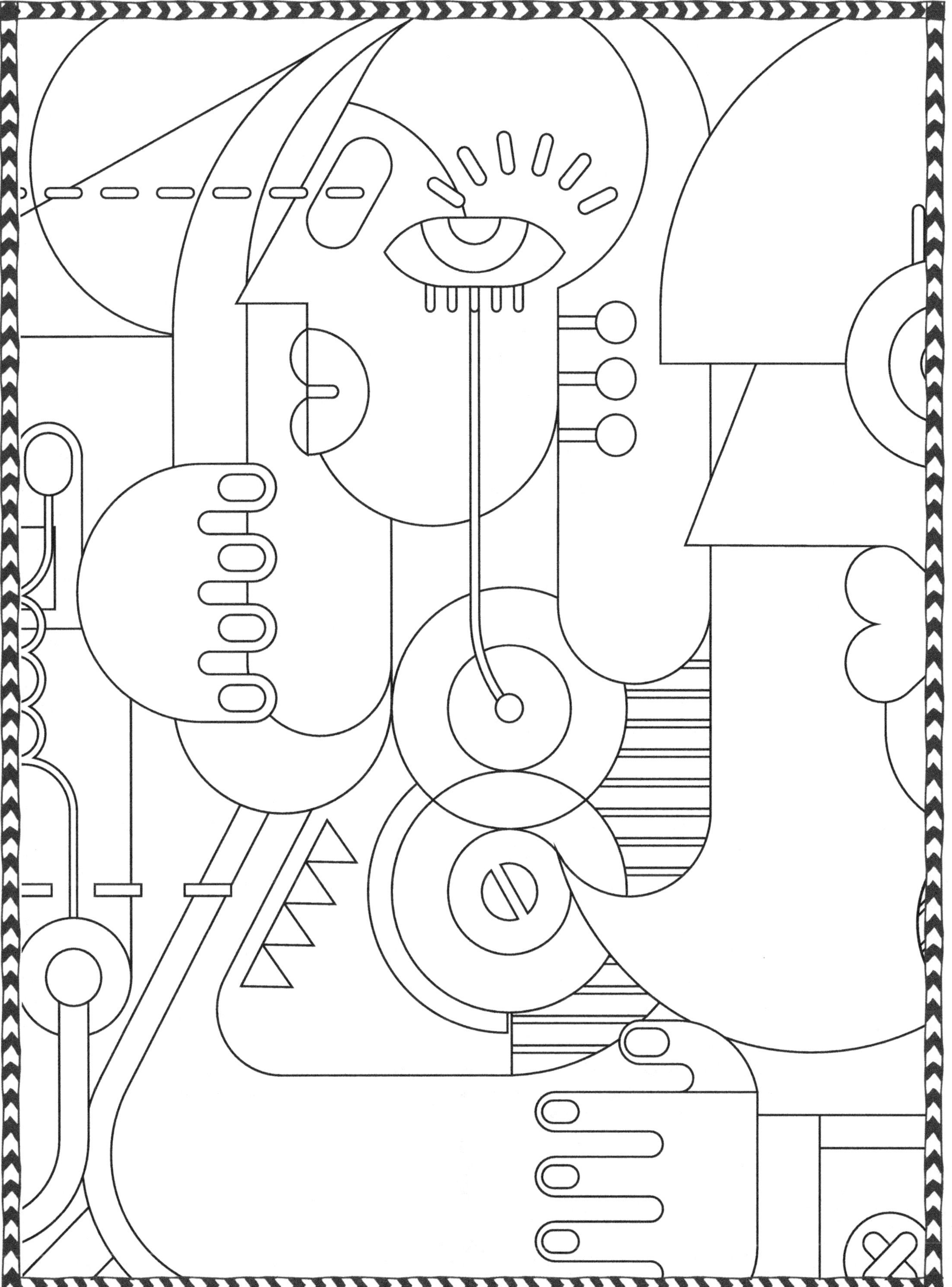

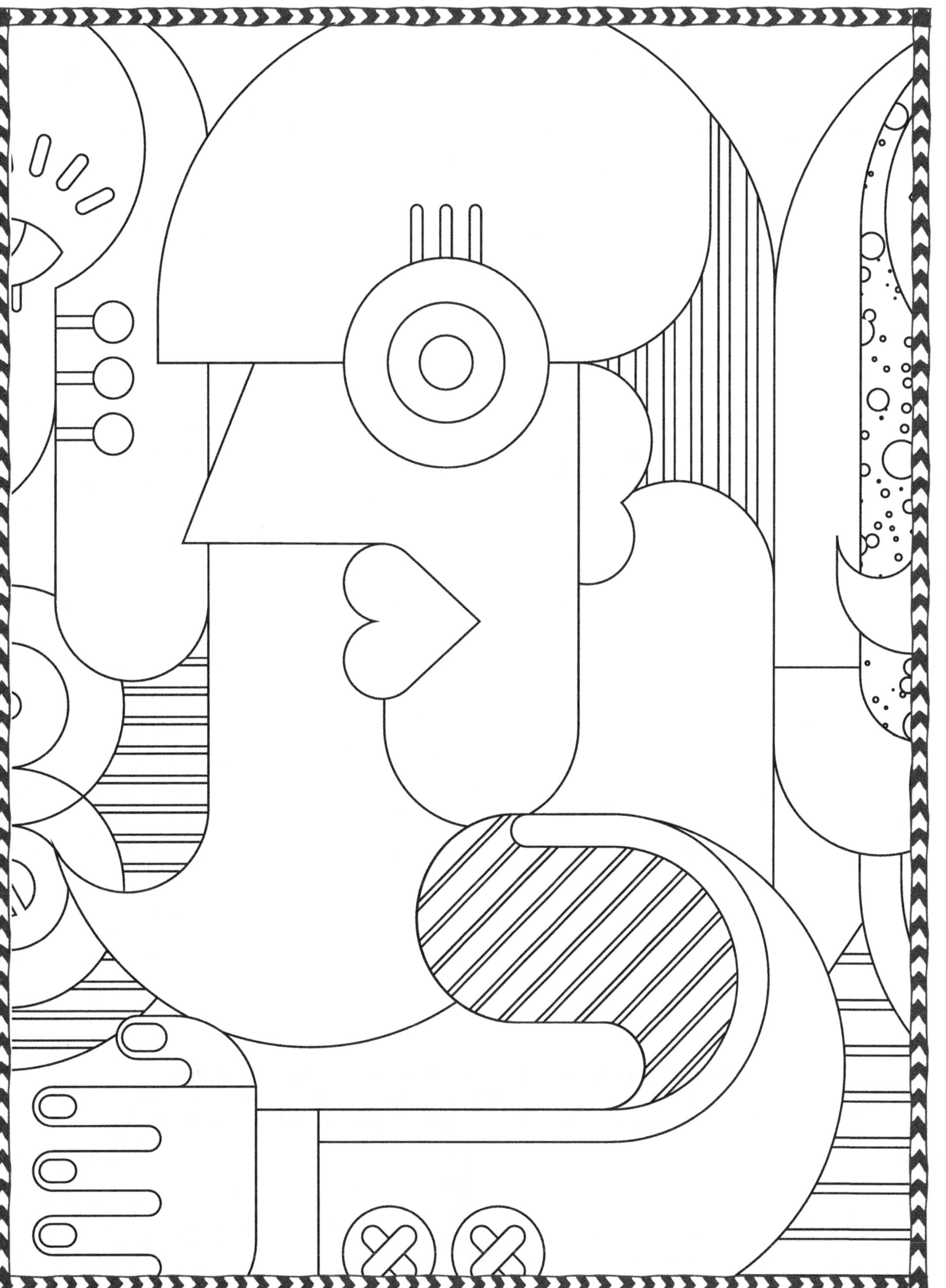

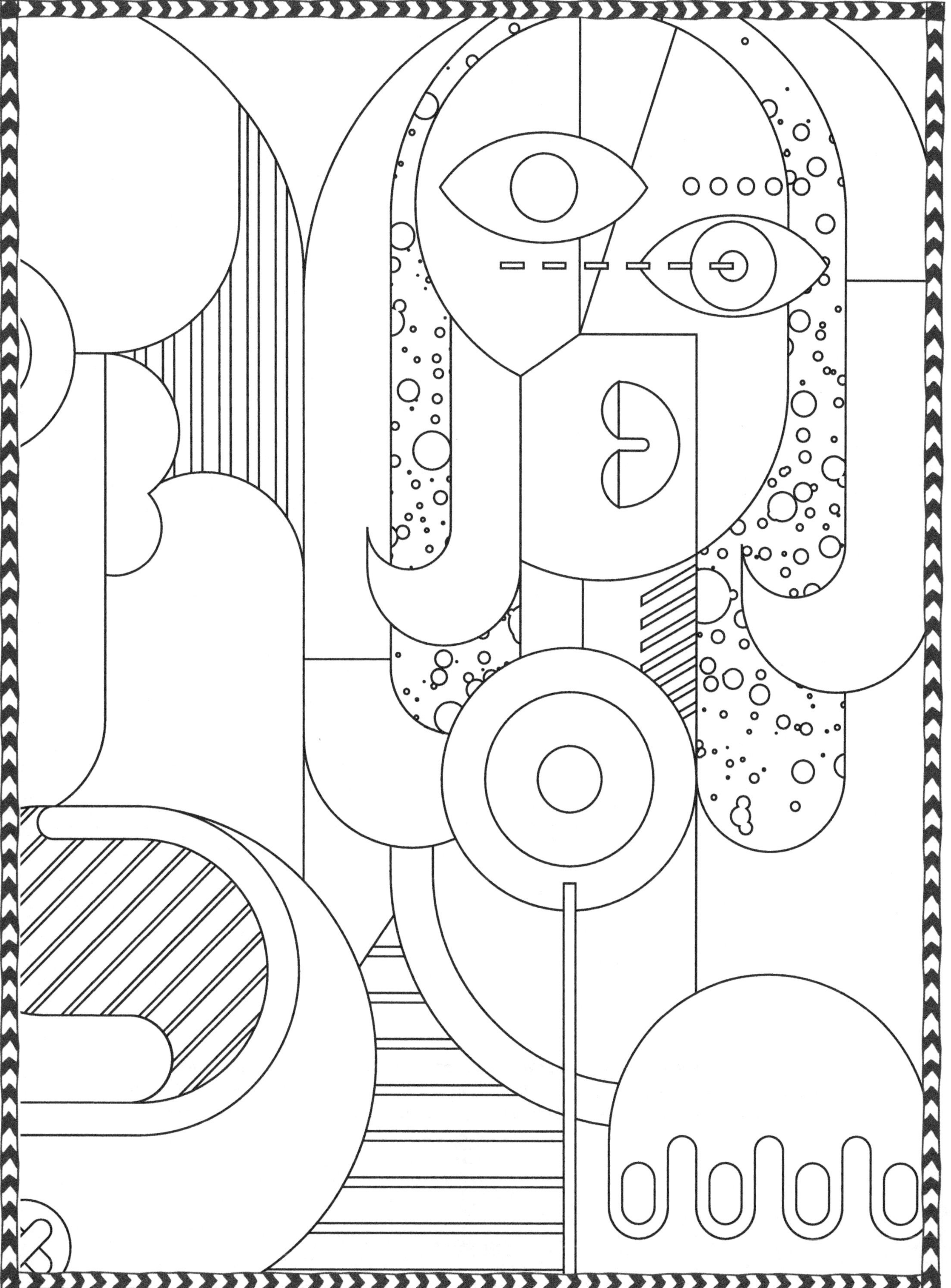

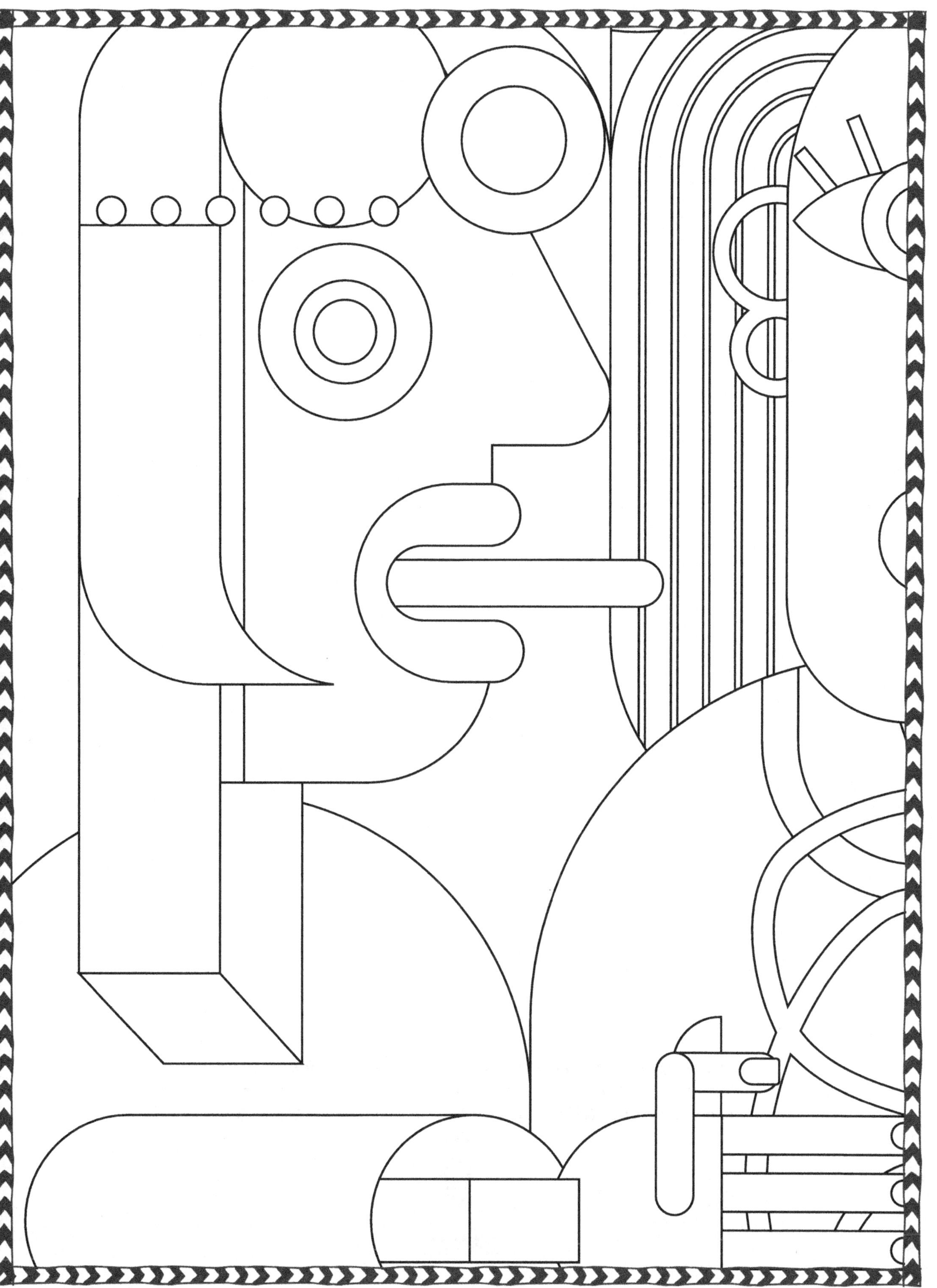

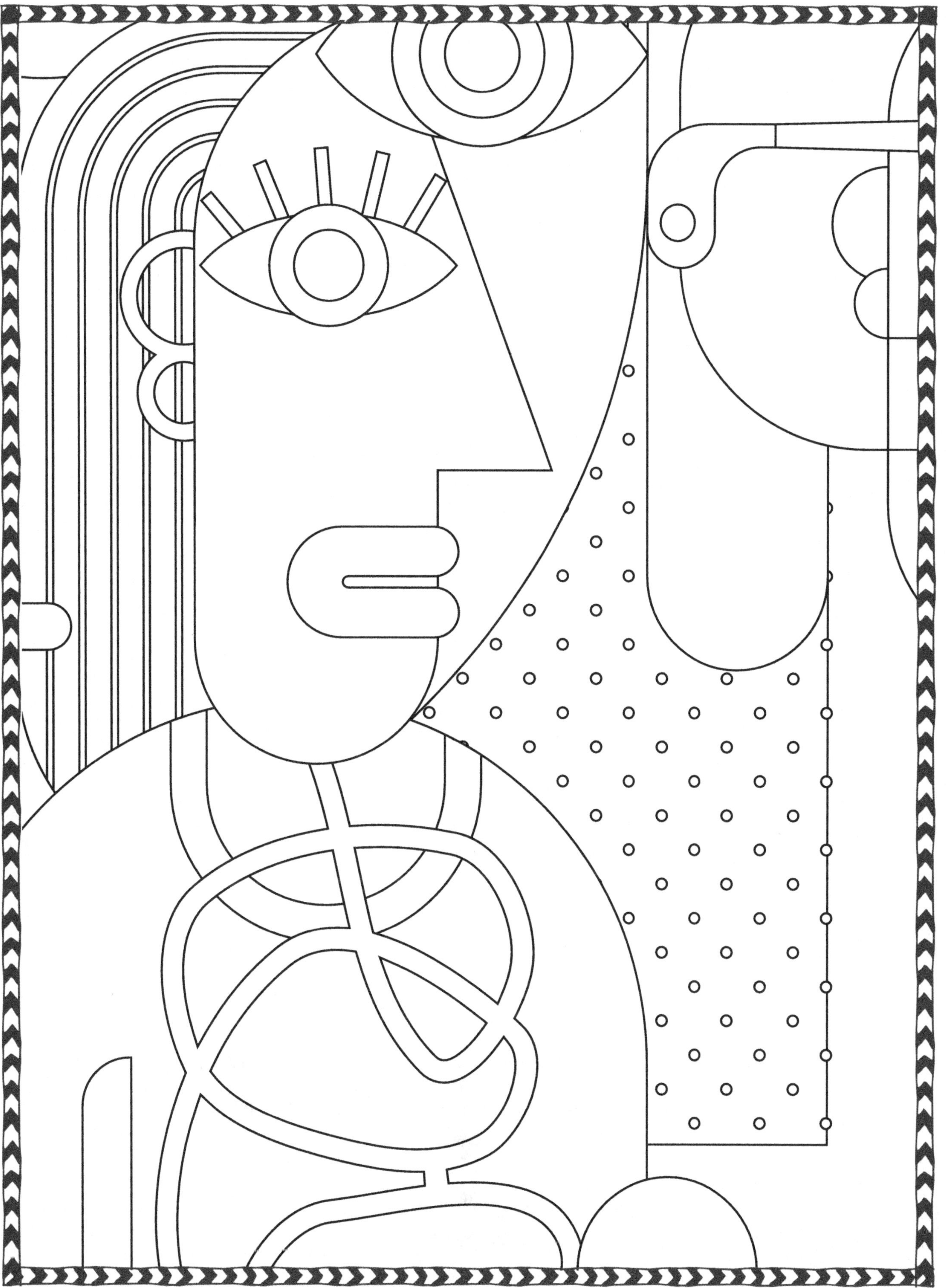

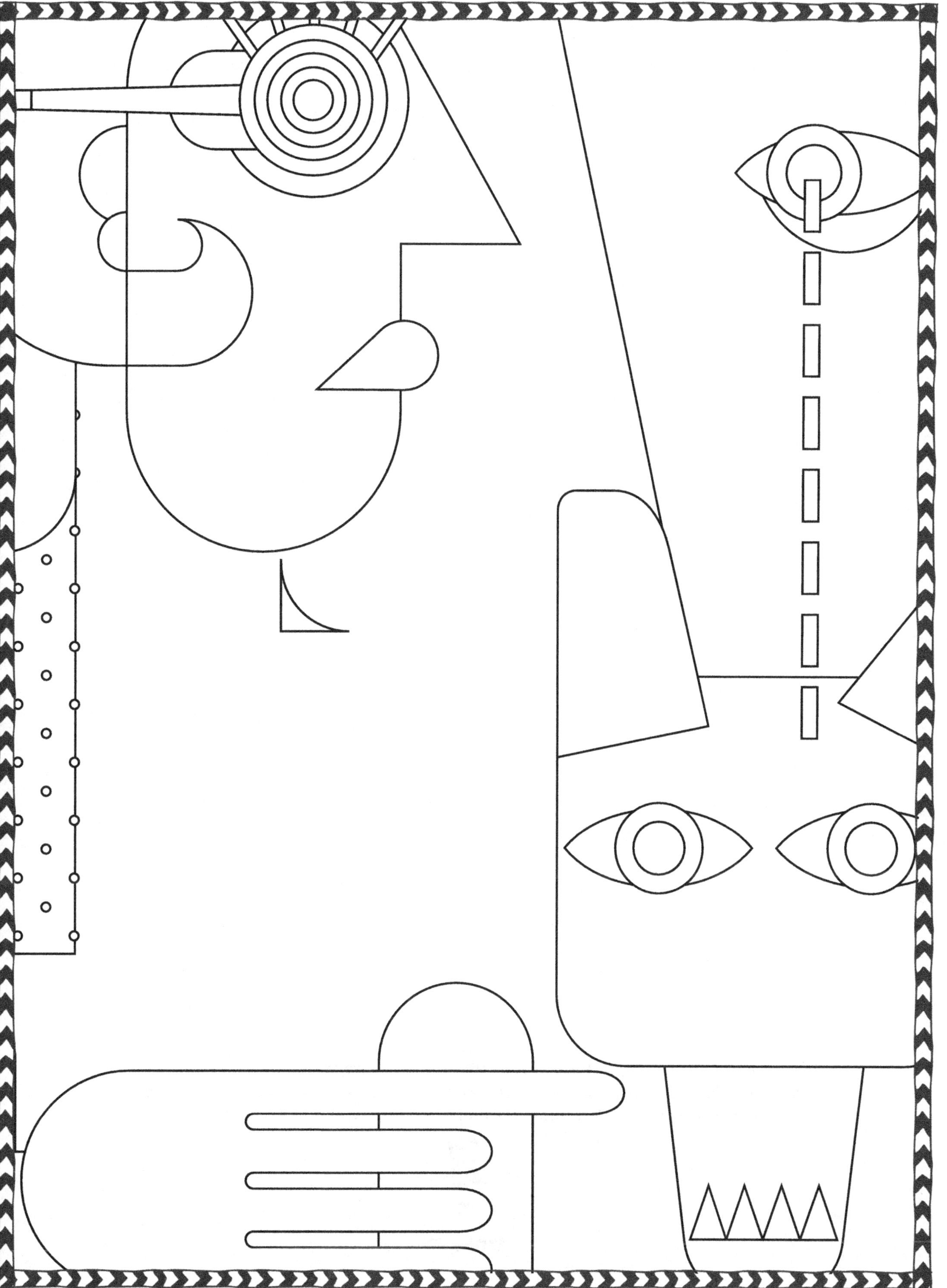

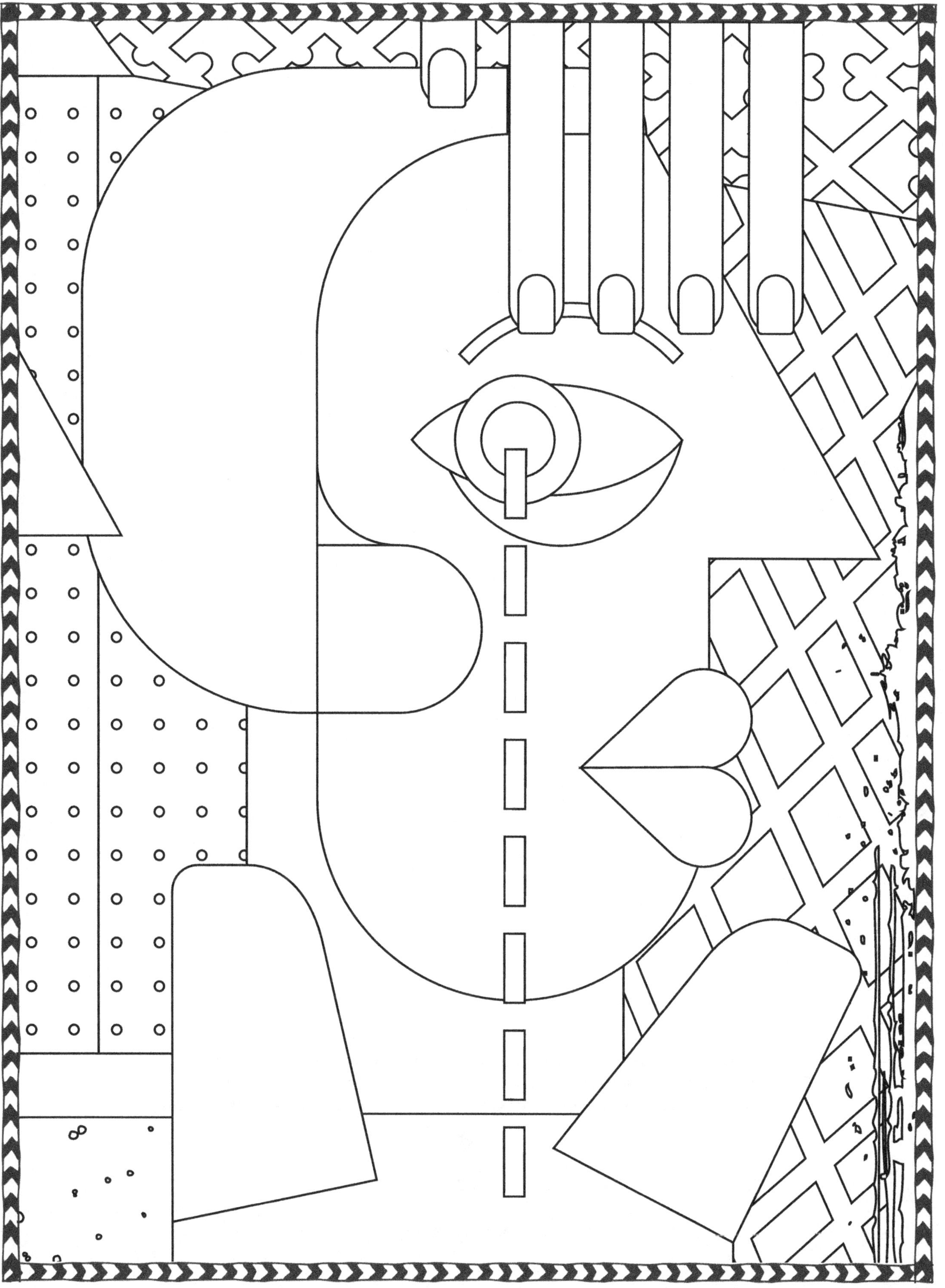

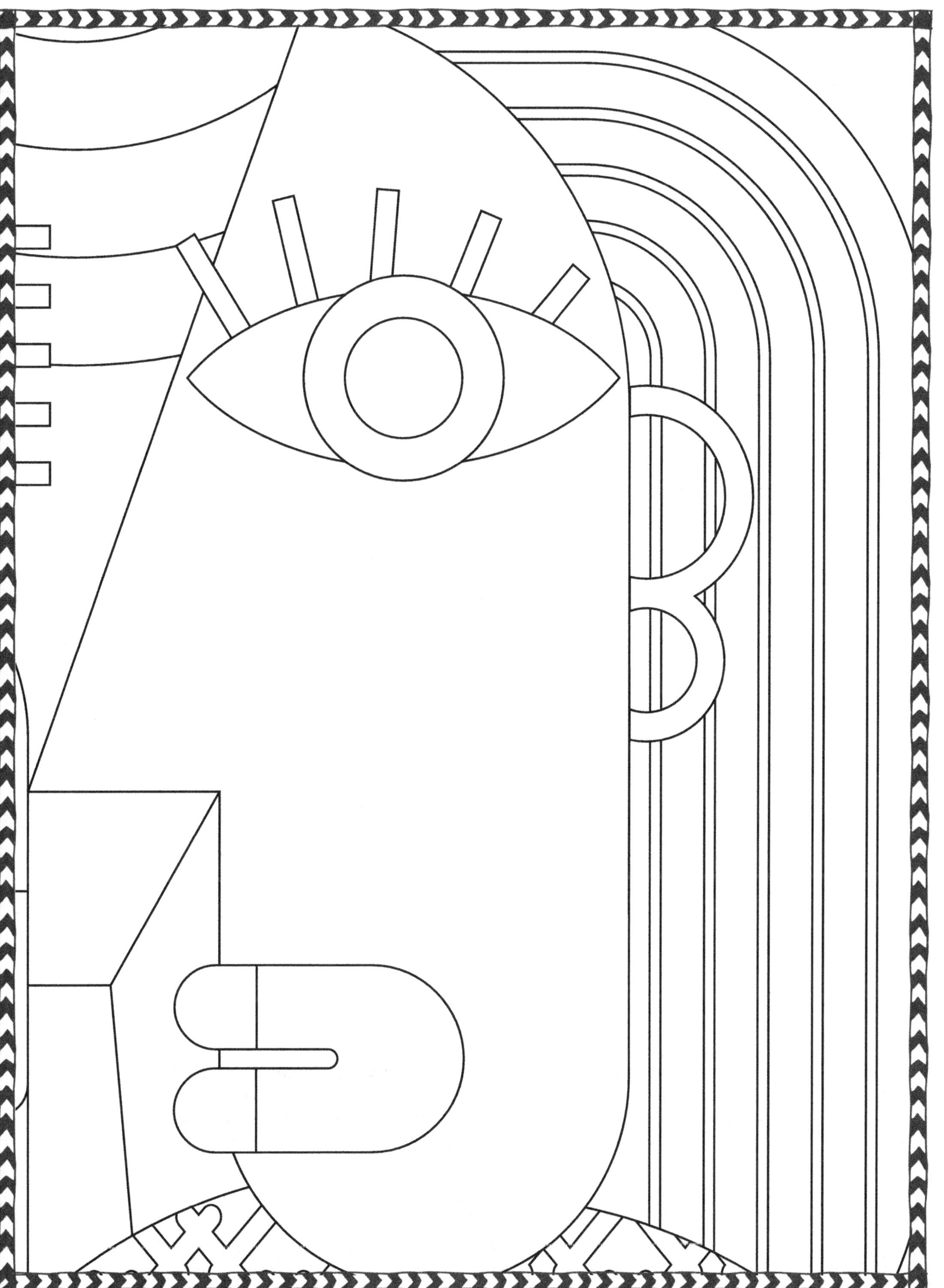

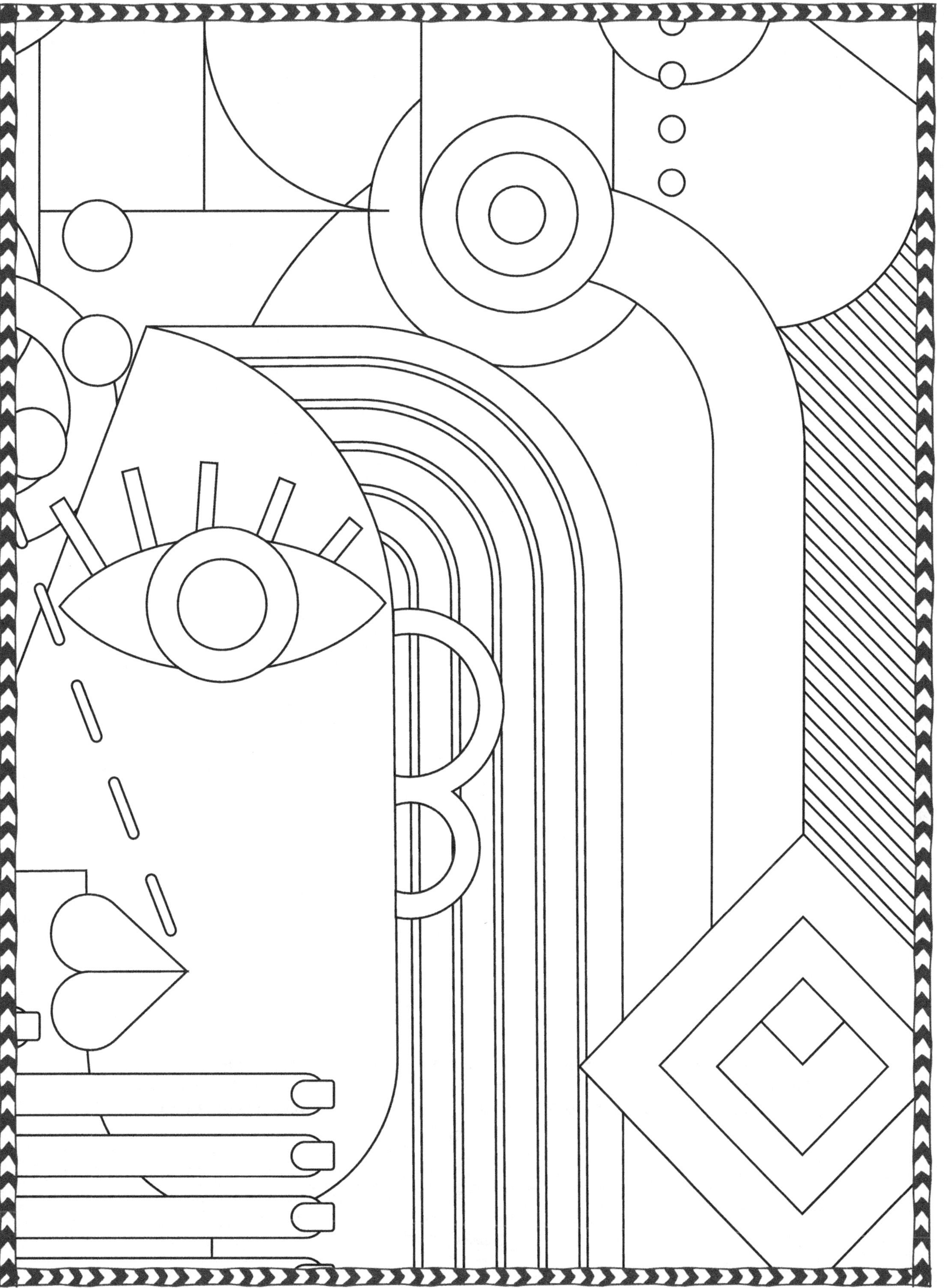

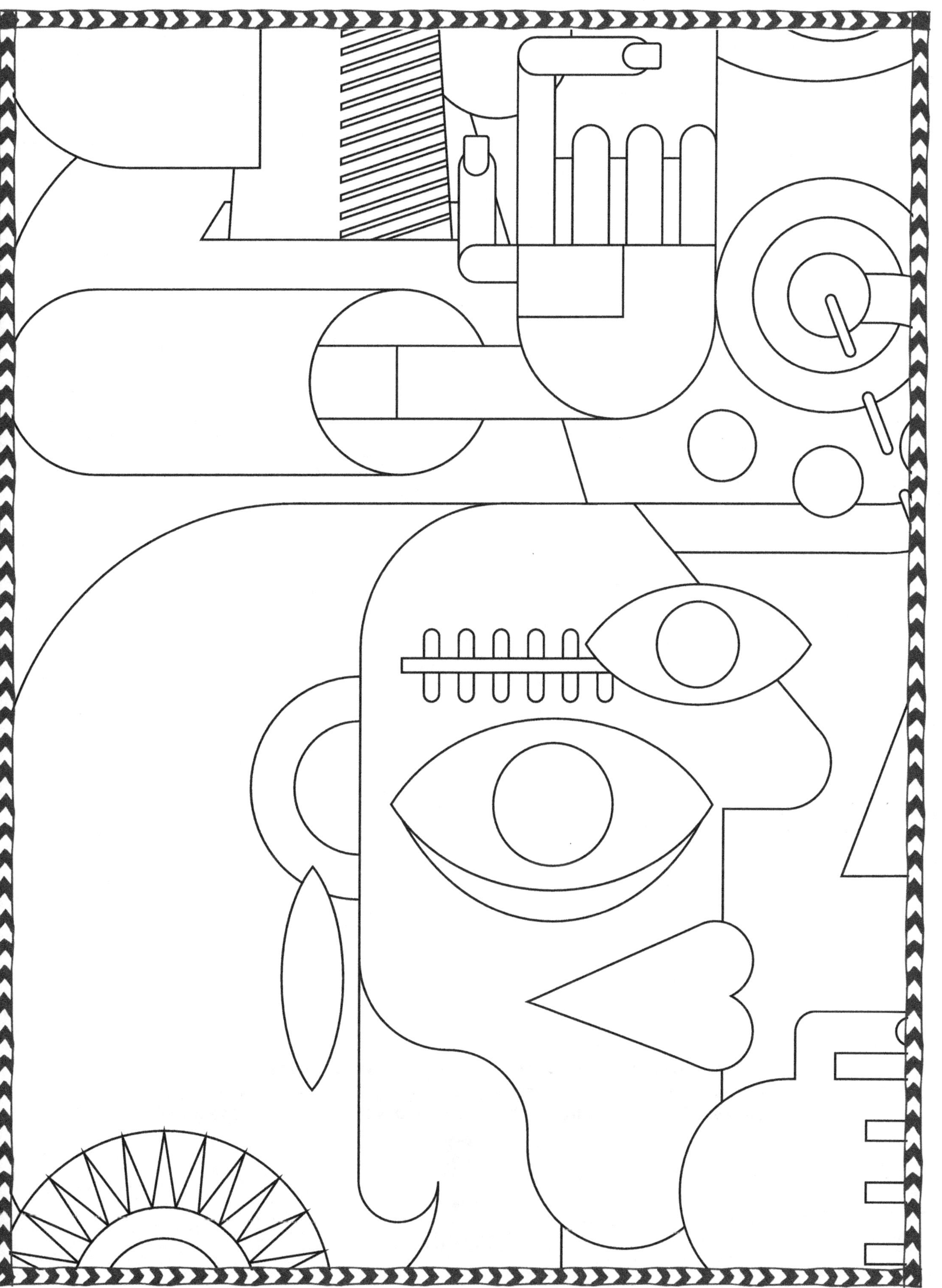

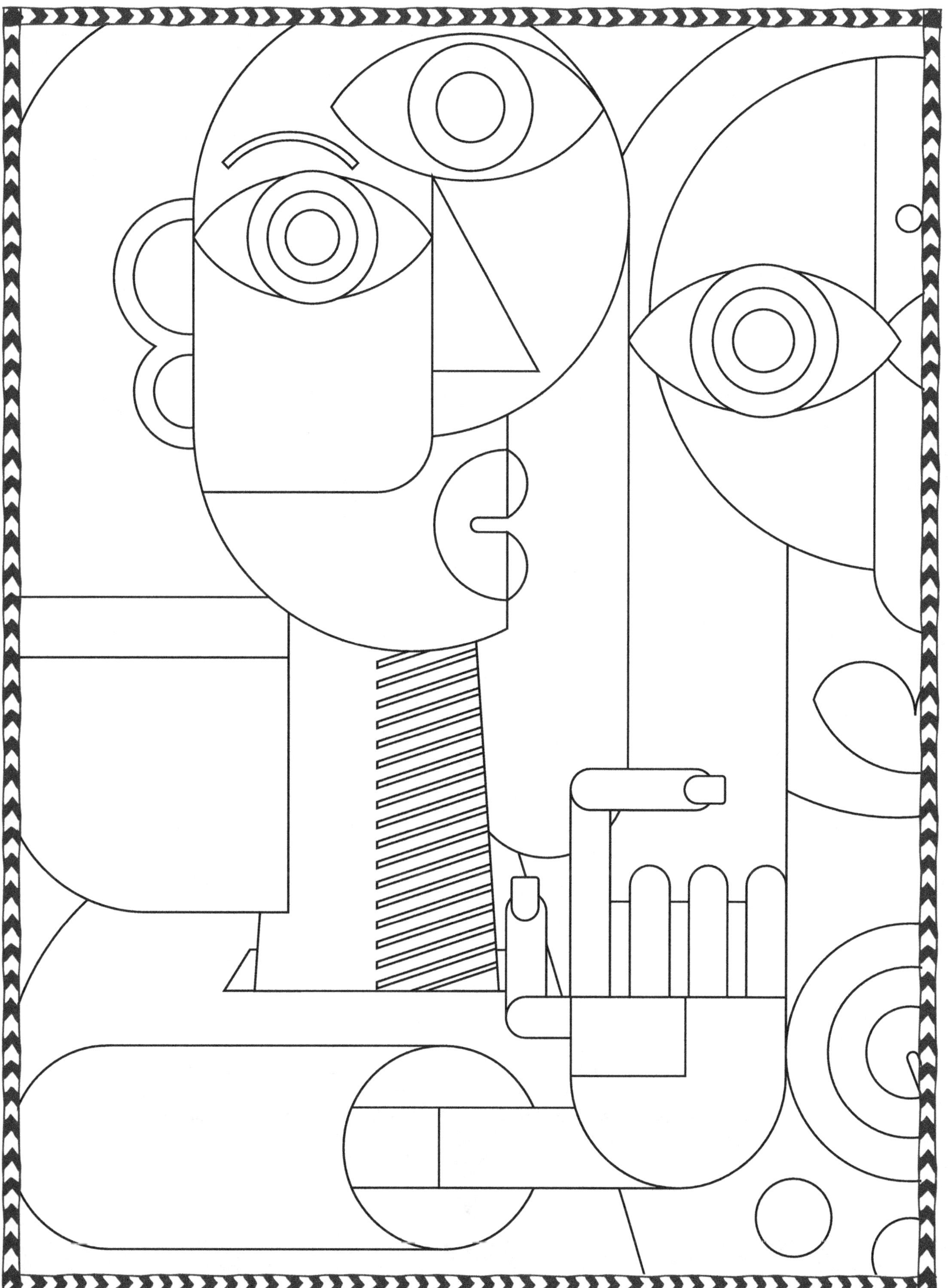

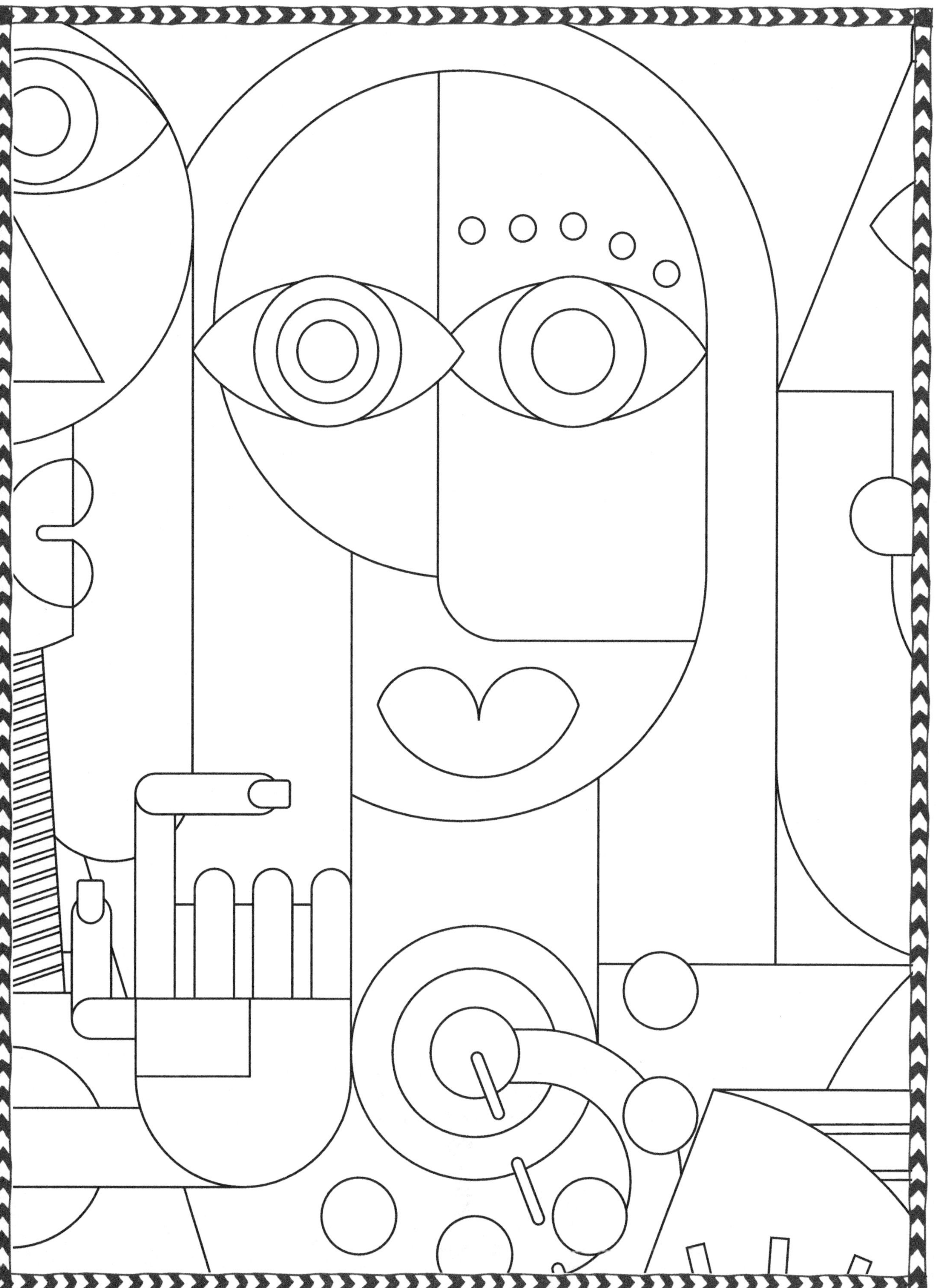

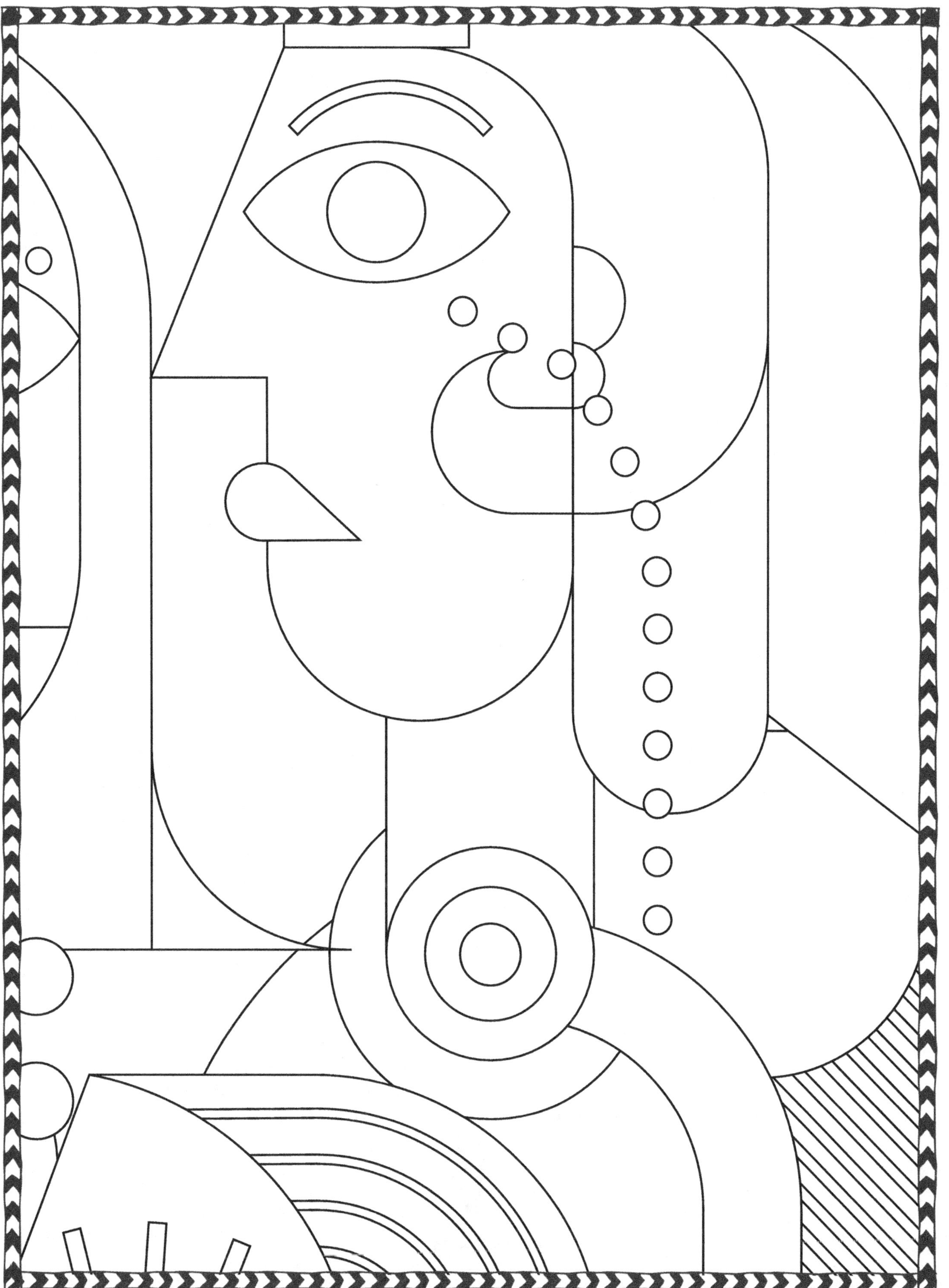

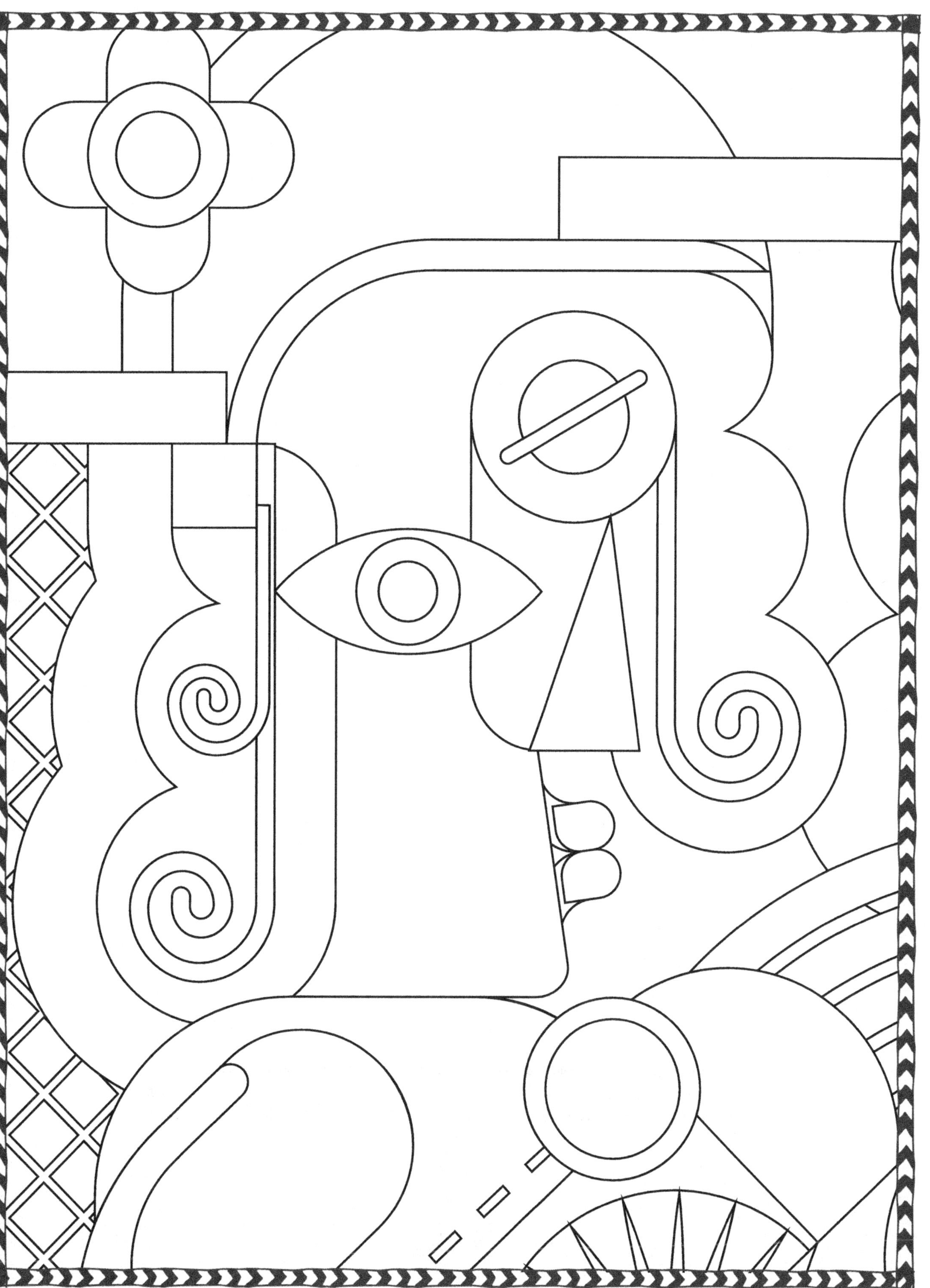

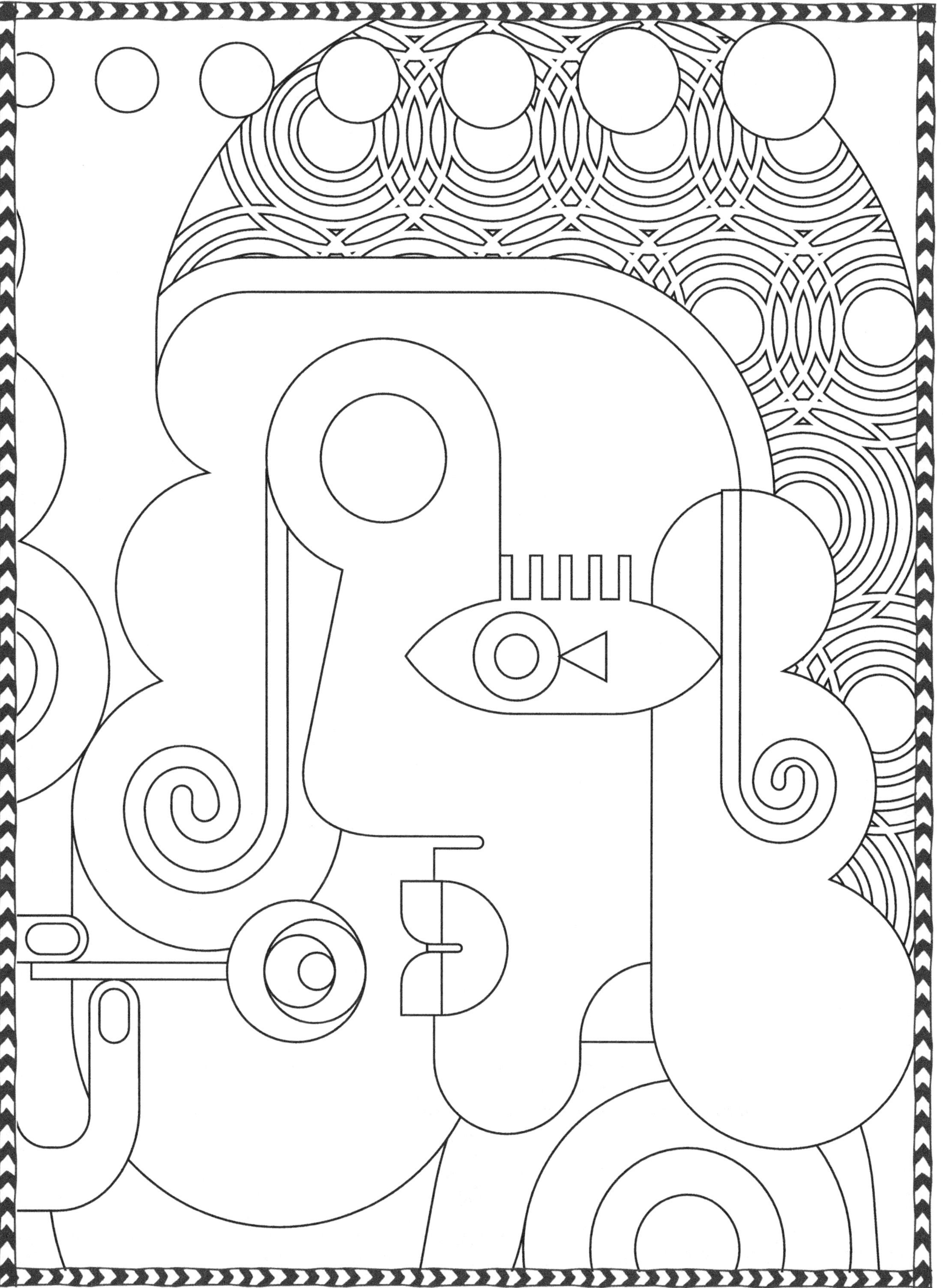

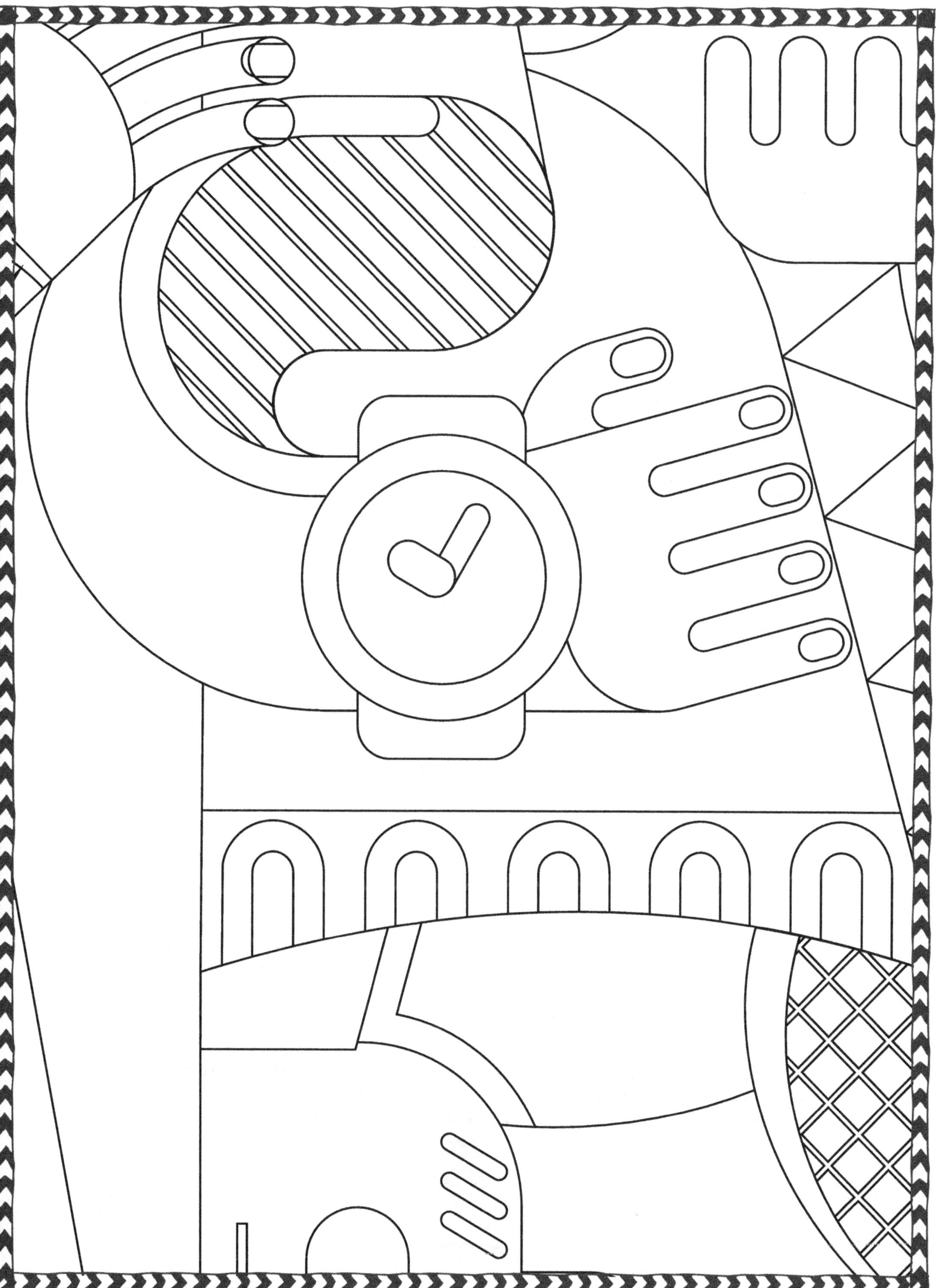

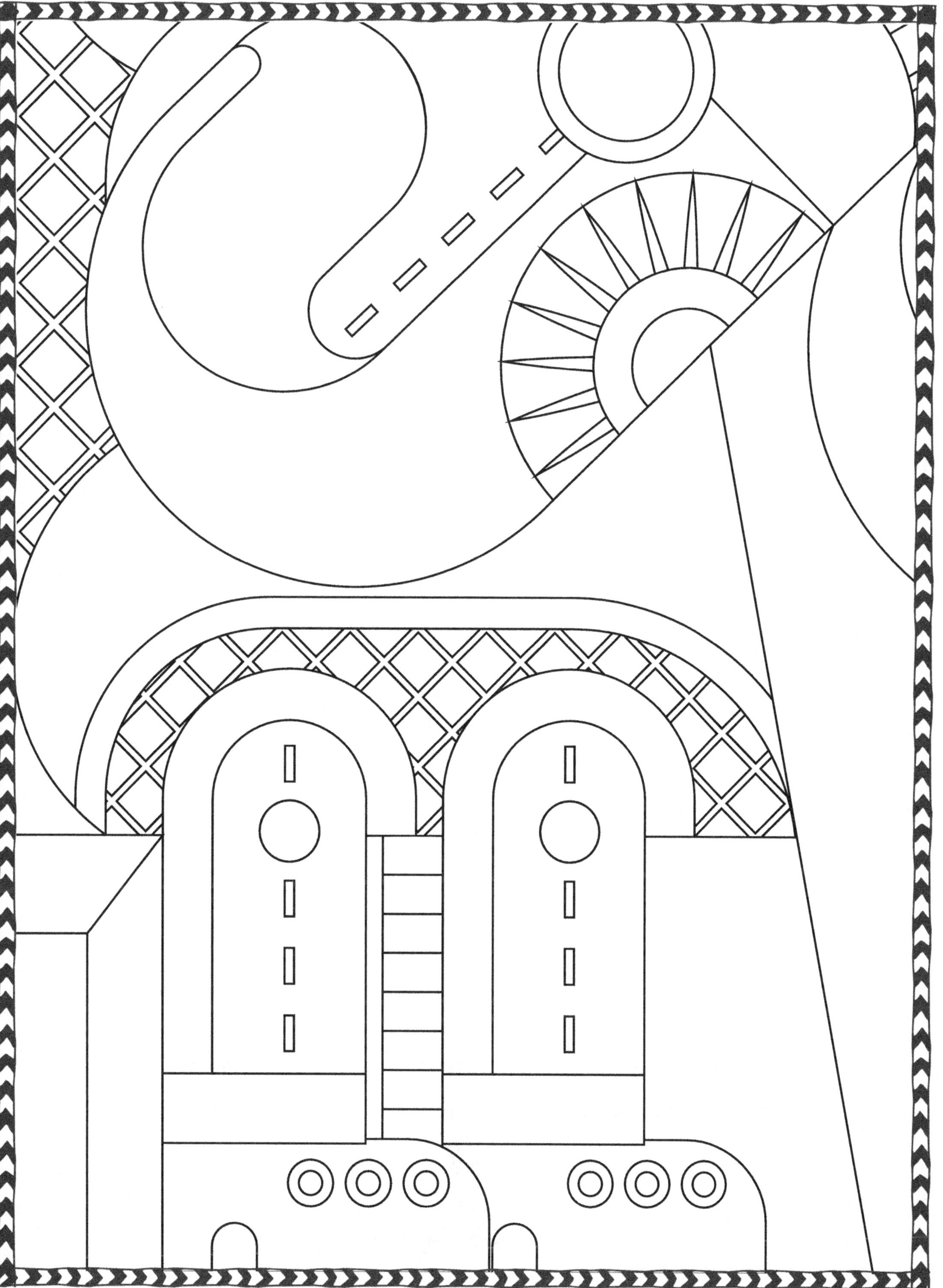

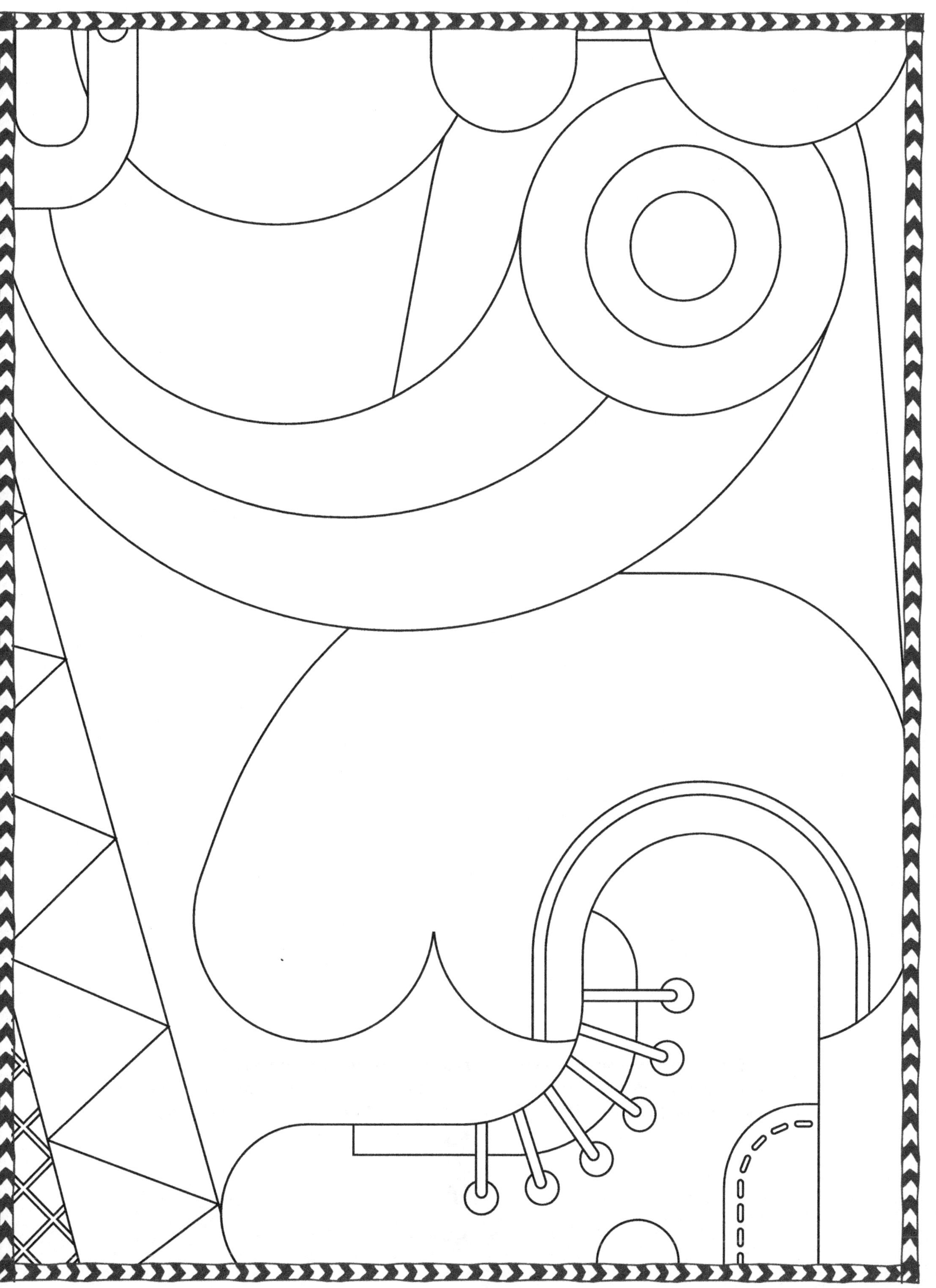

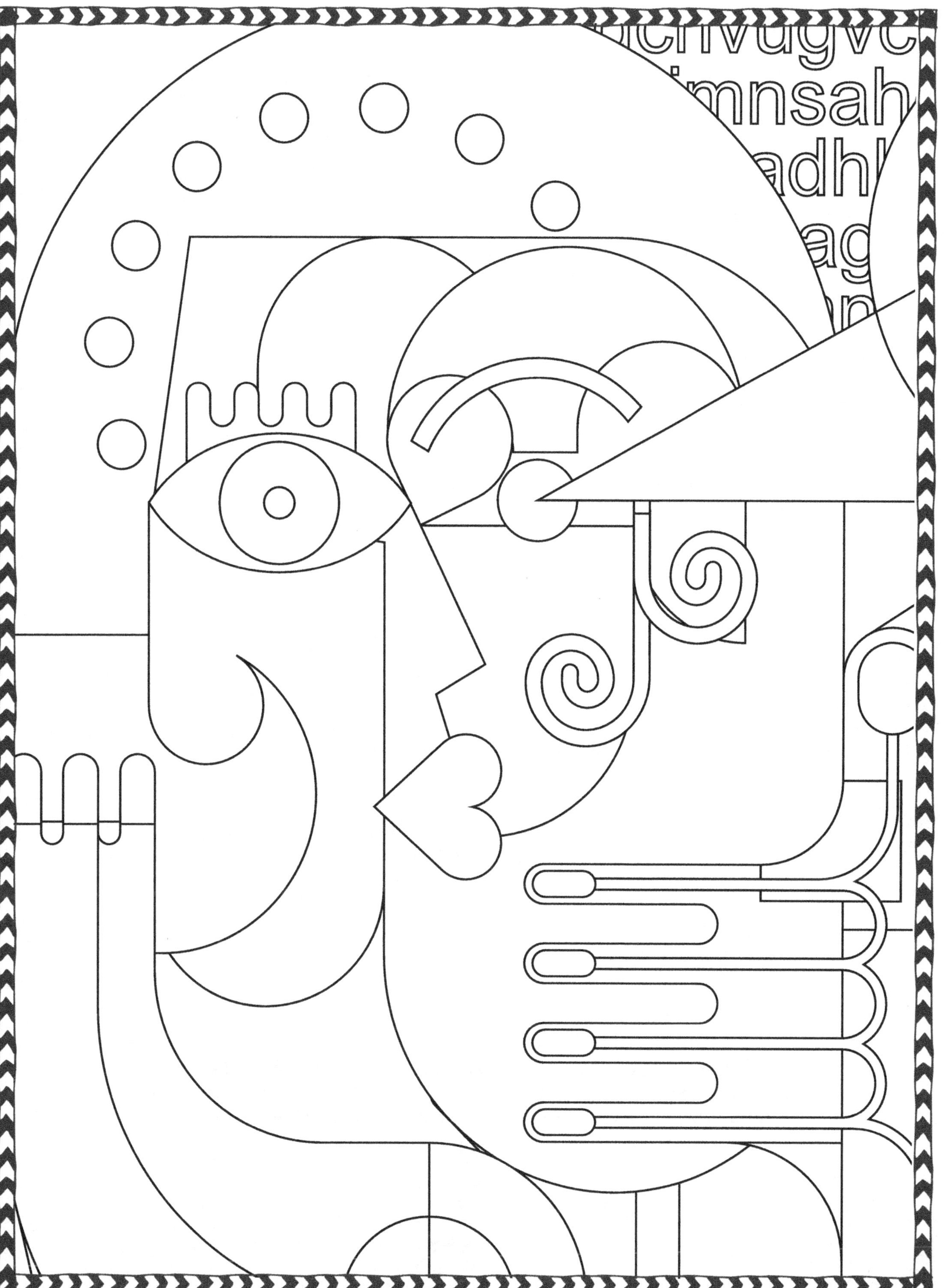
crvugv
mnsah
adh
ag

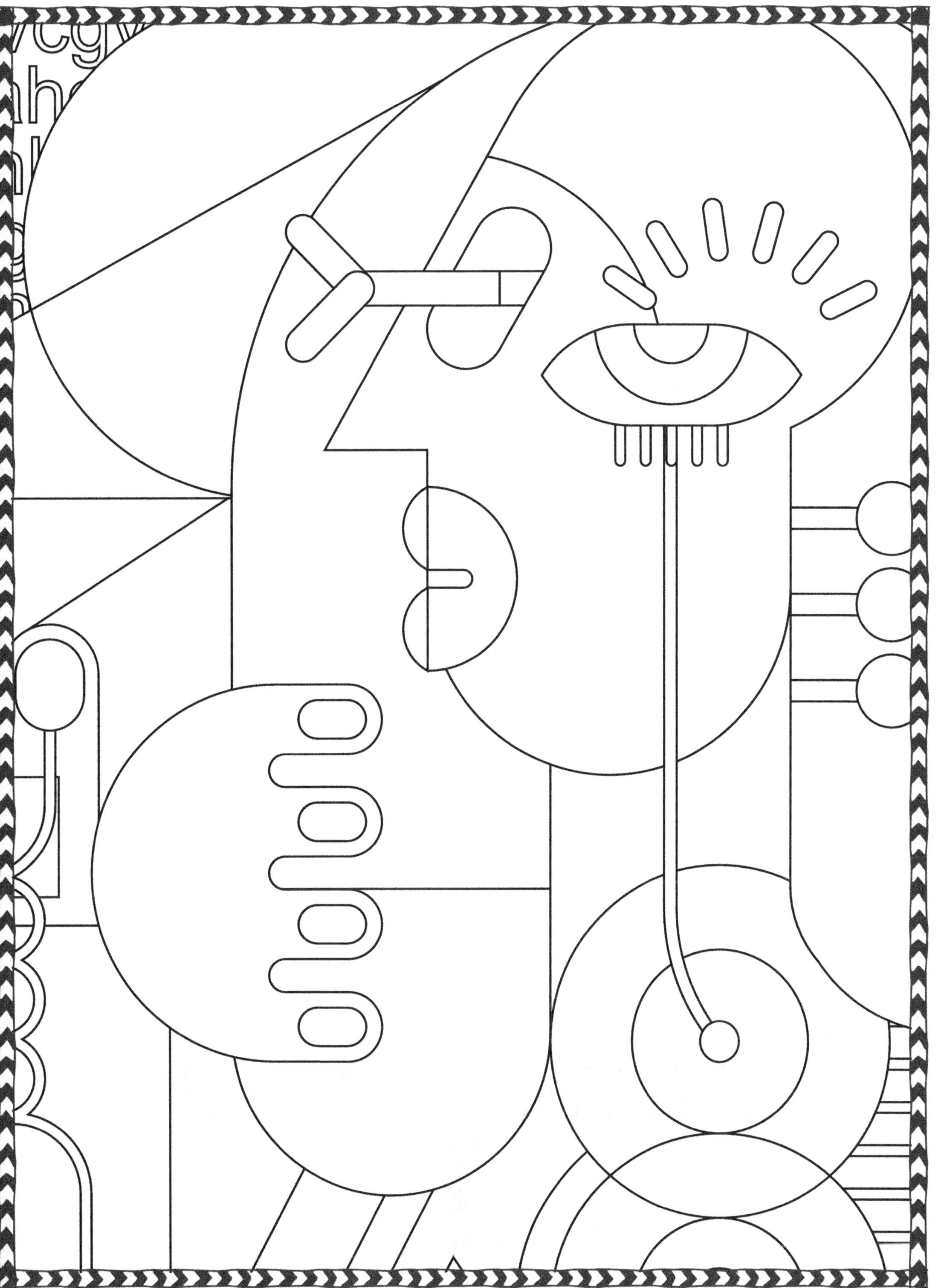
cg
h
t

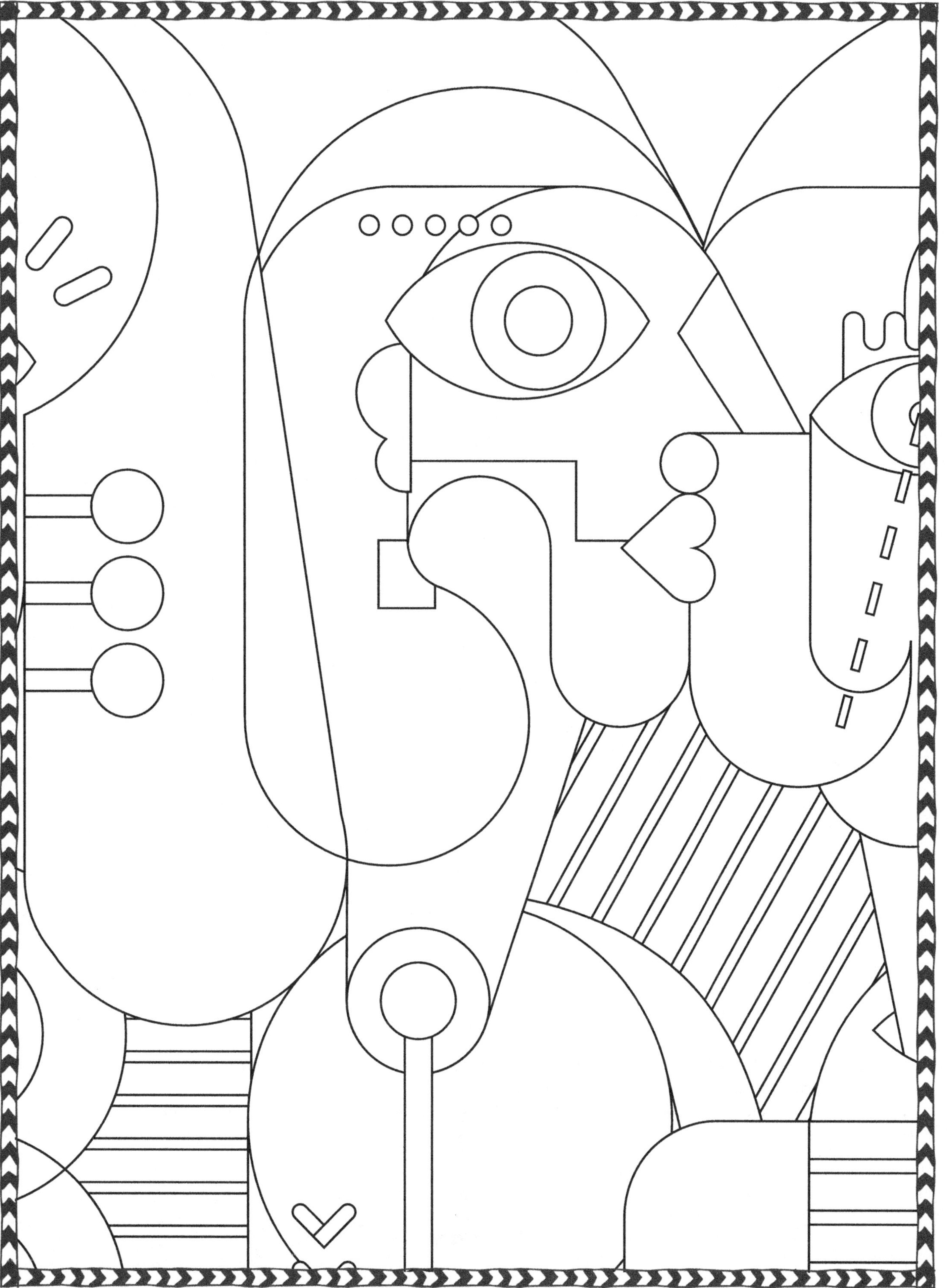

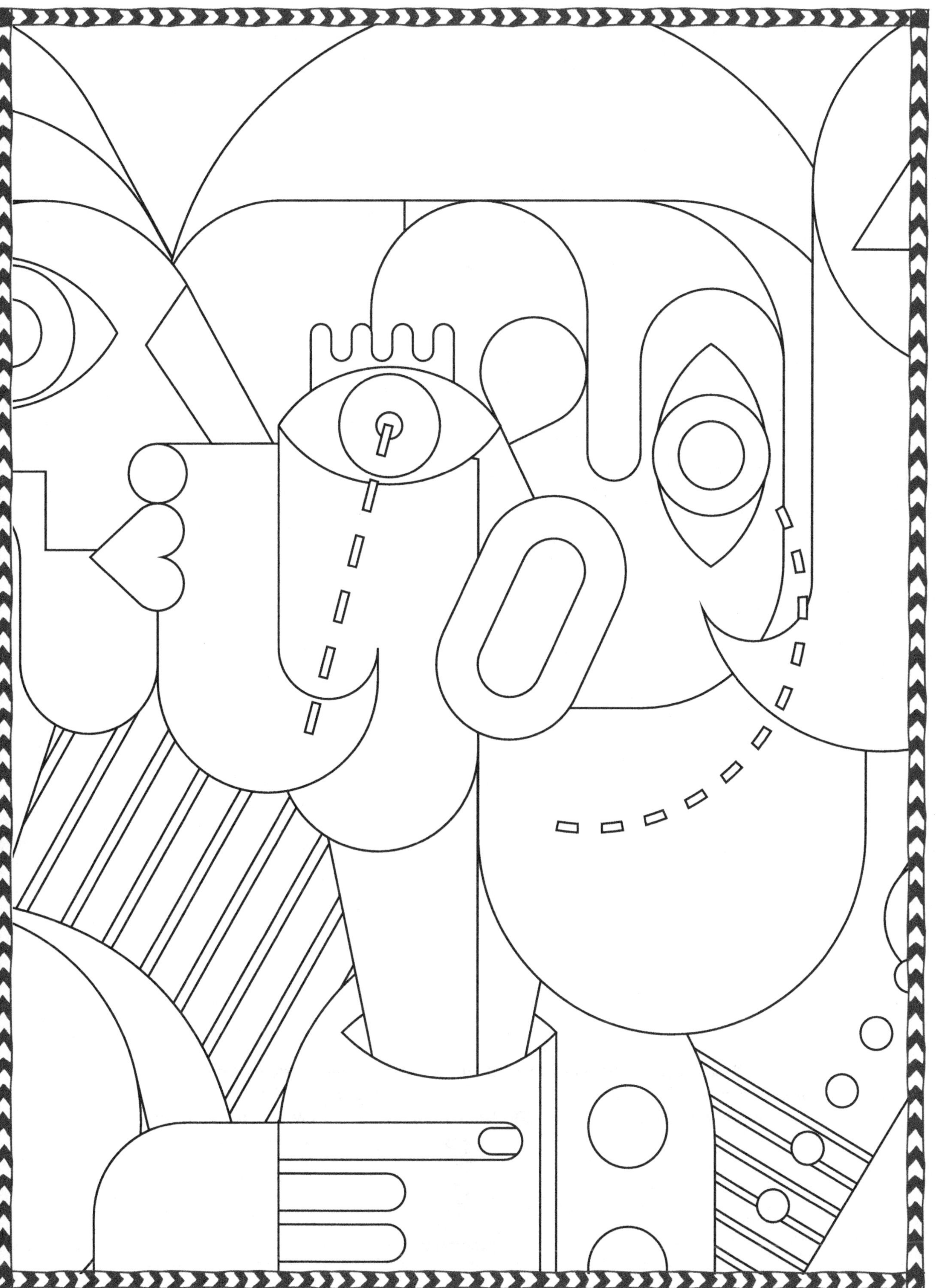

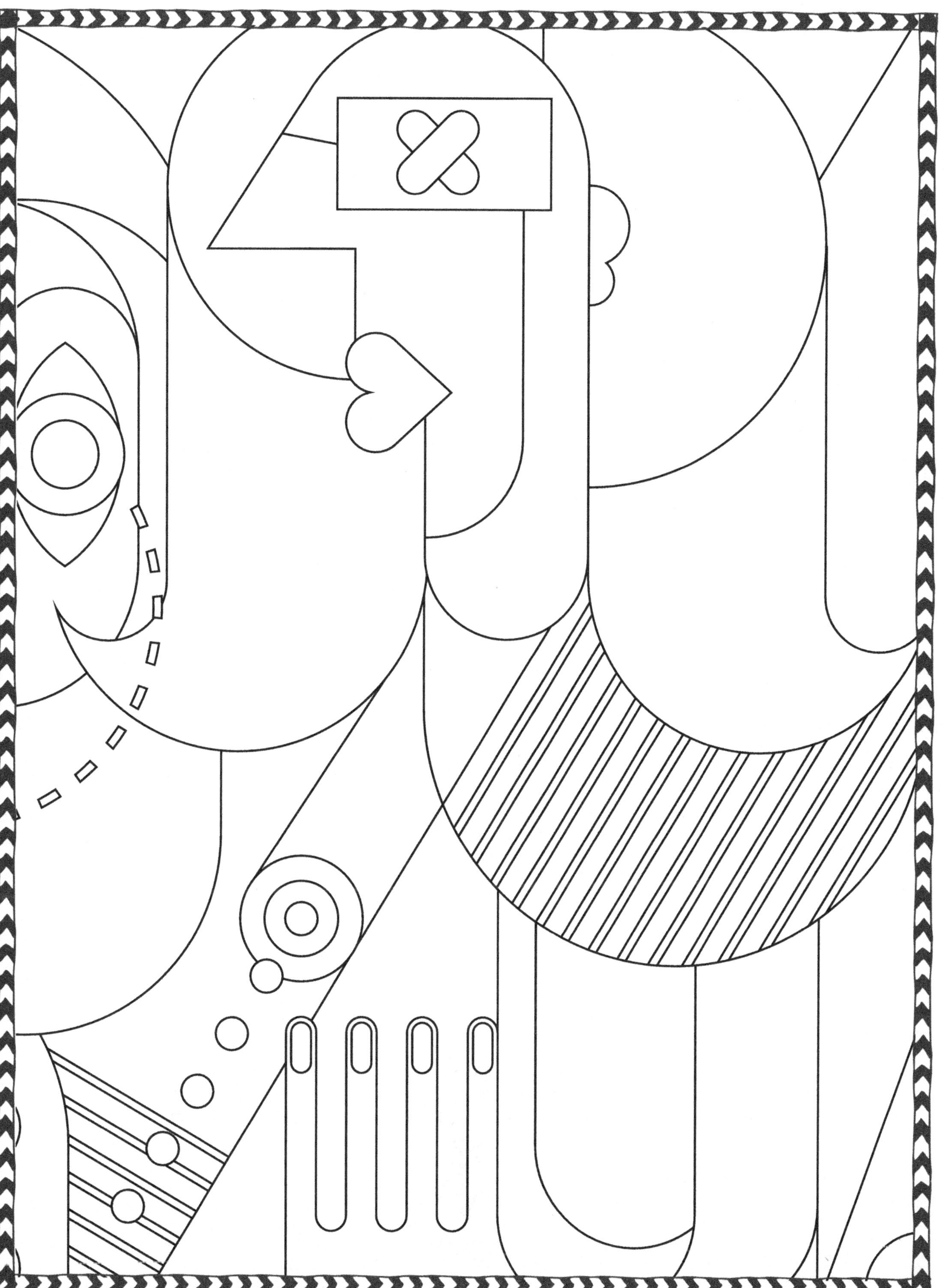

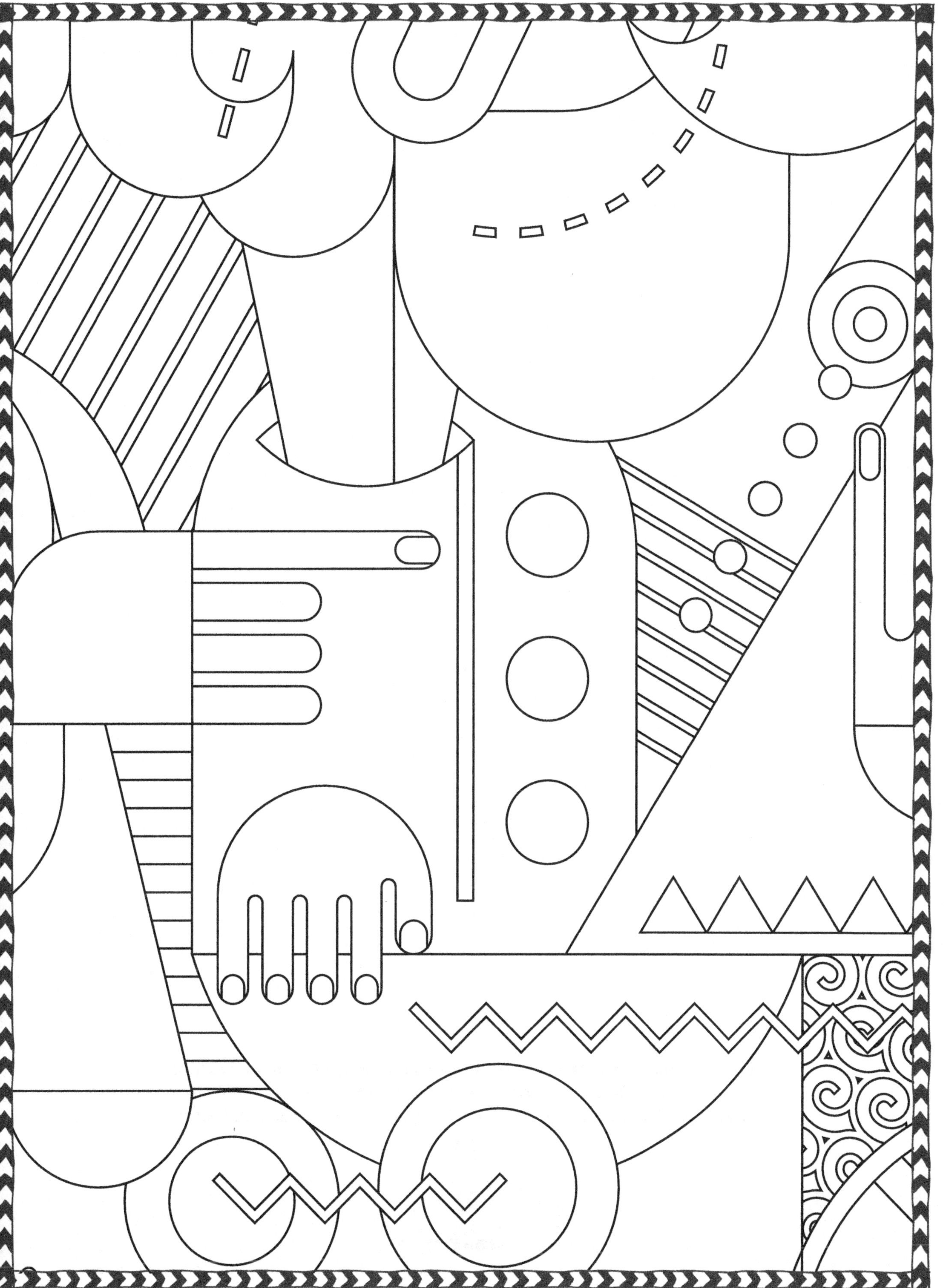

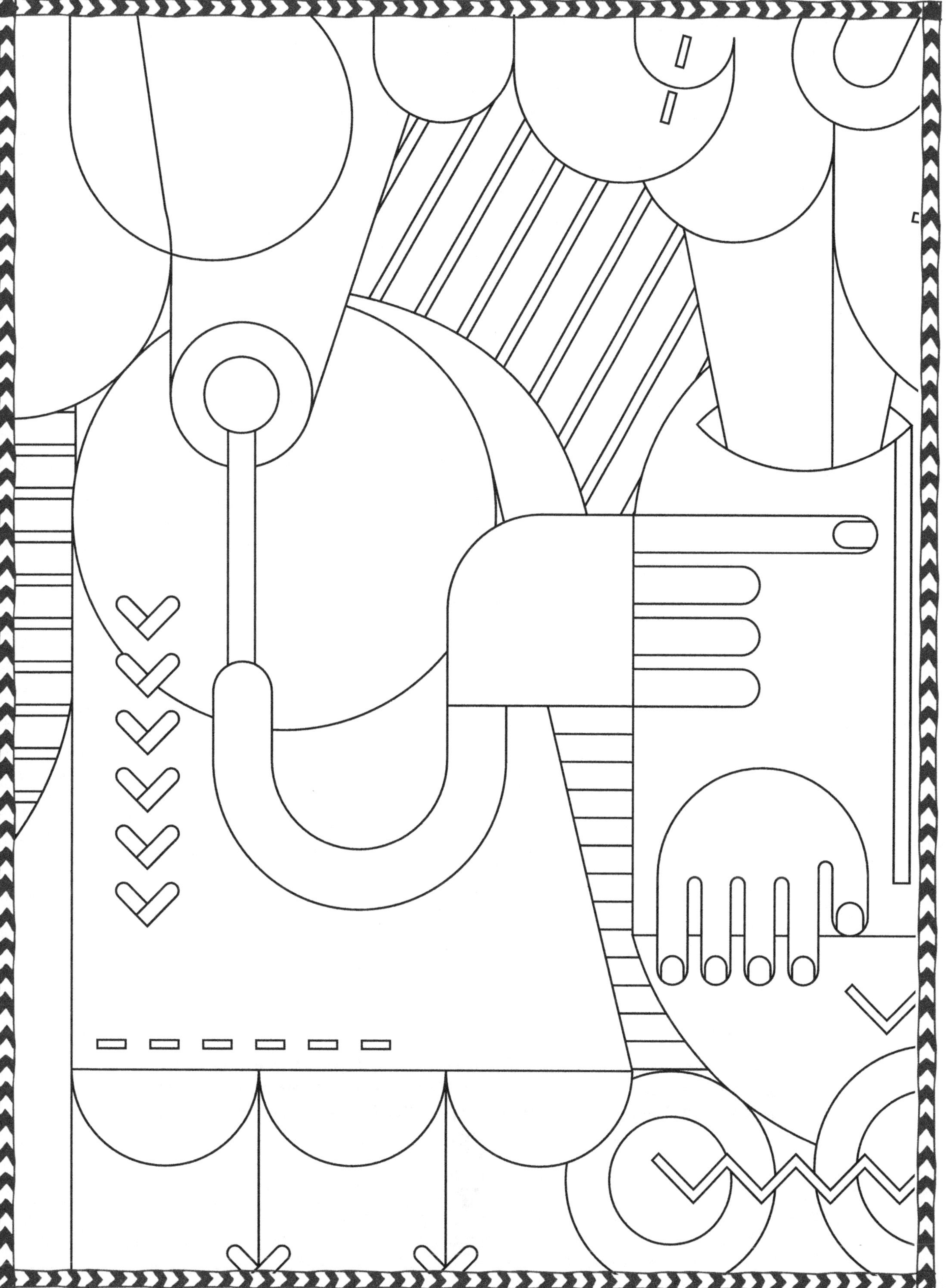

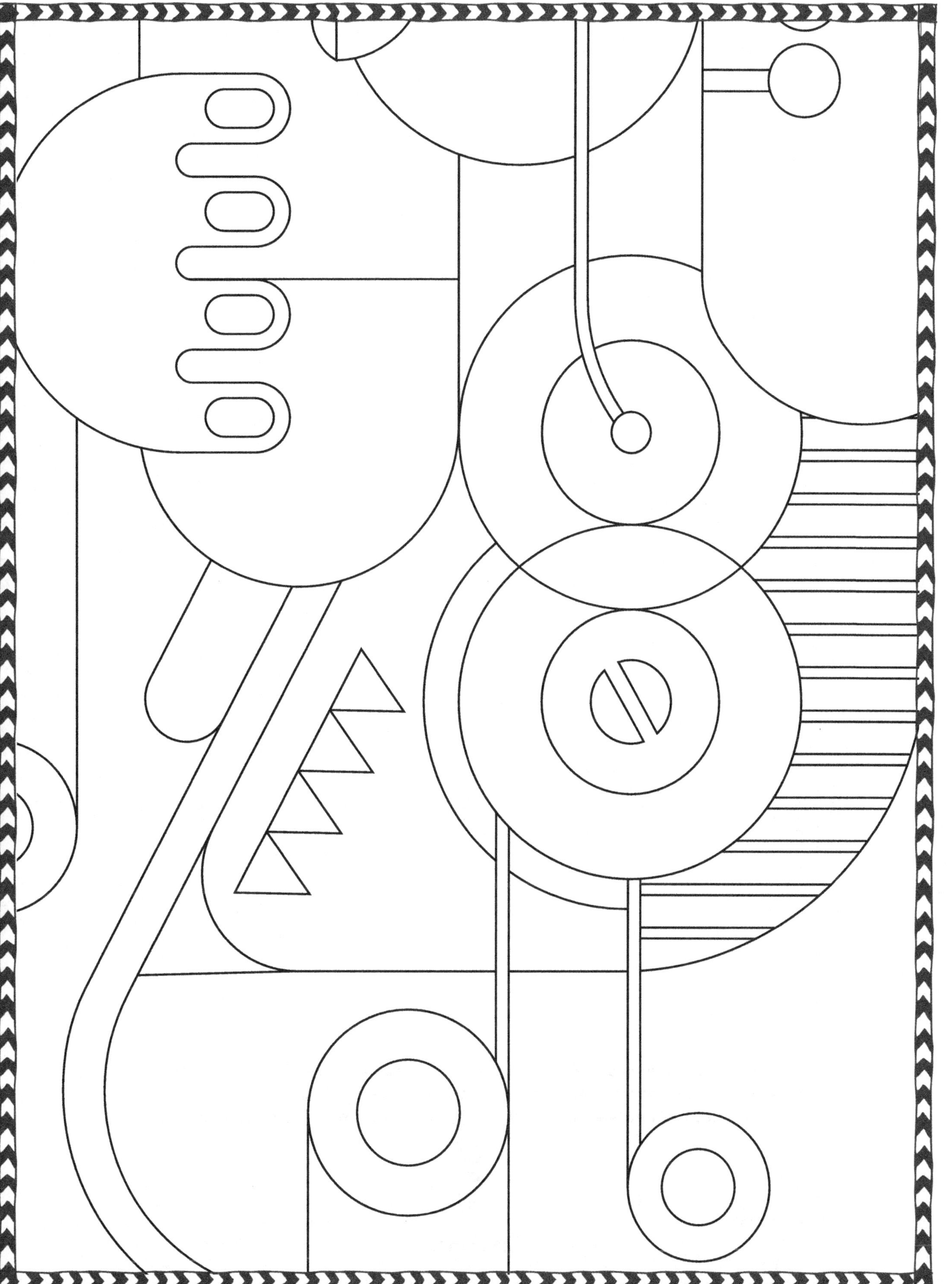

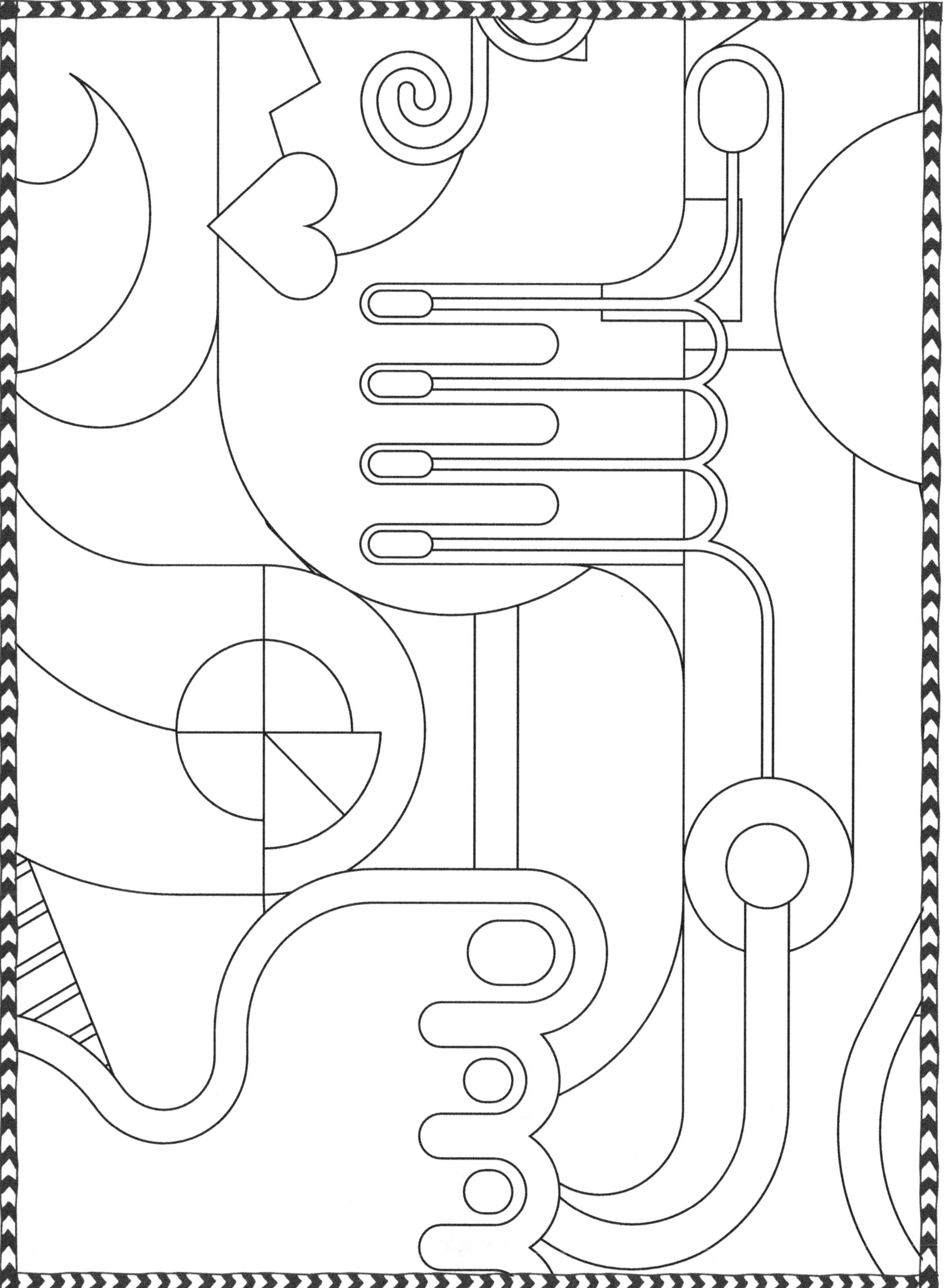

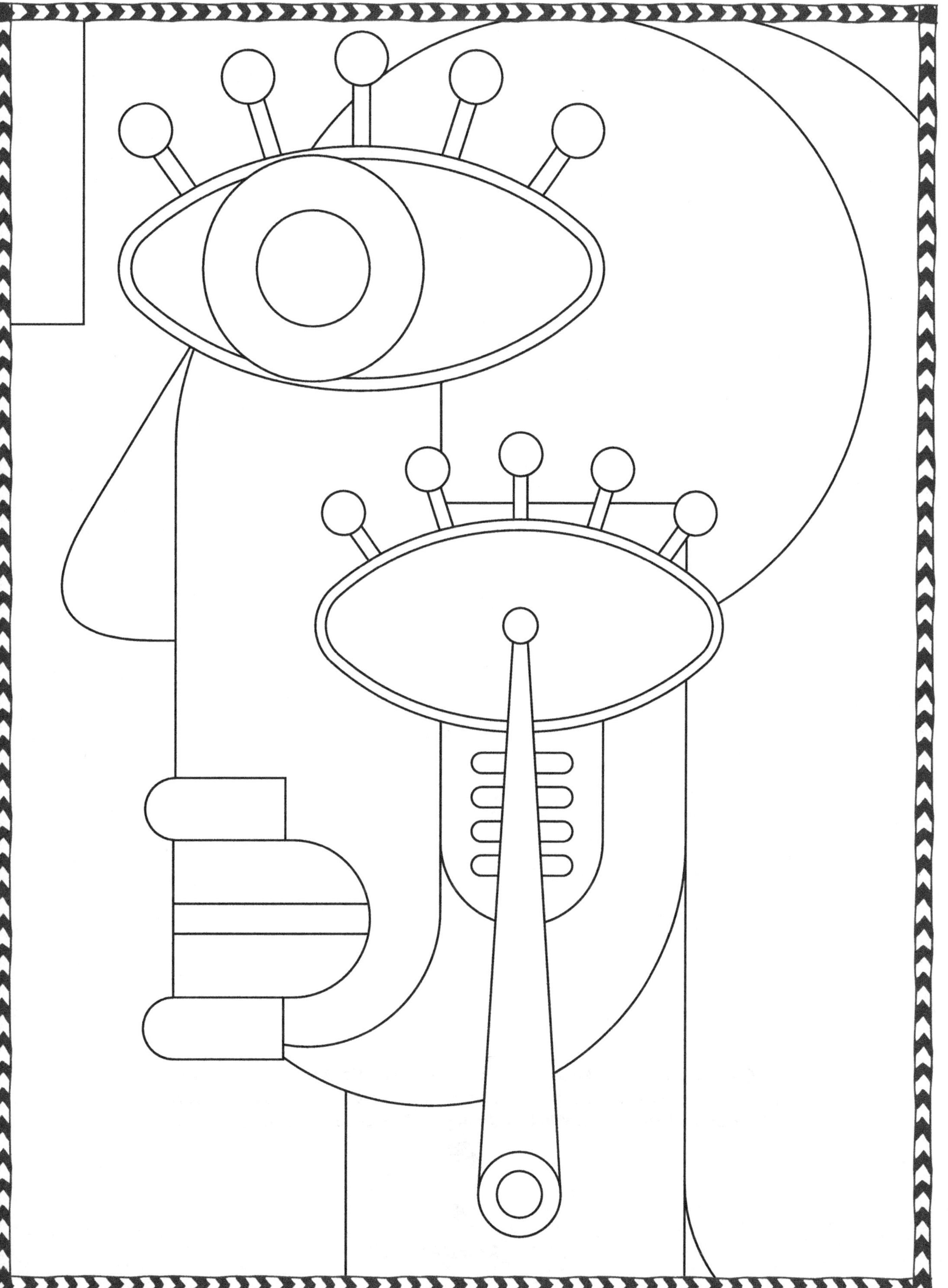

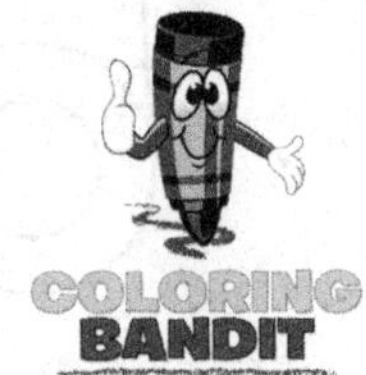

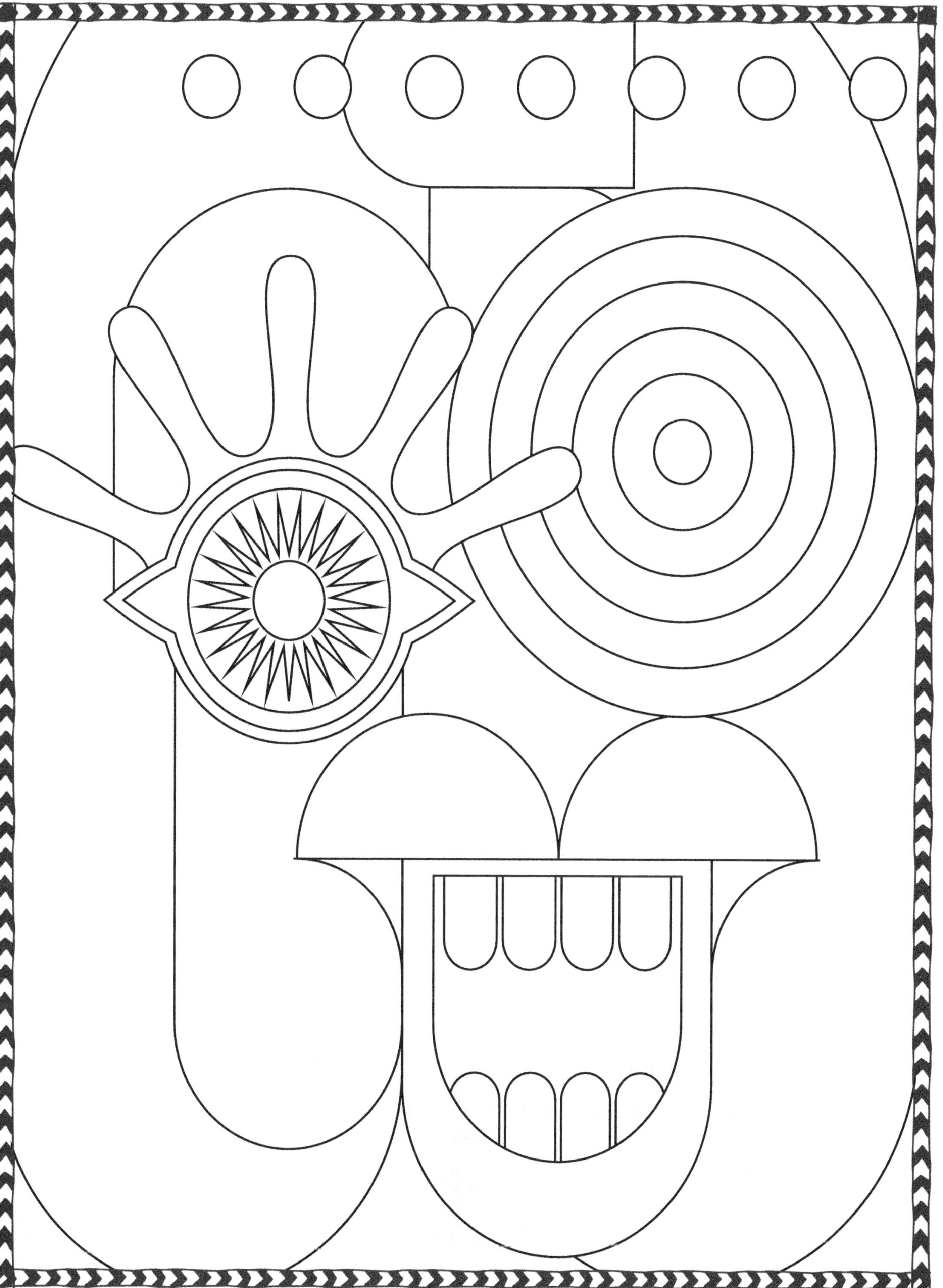

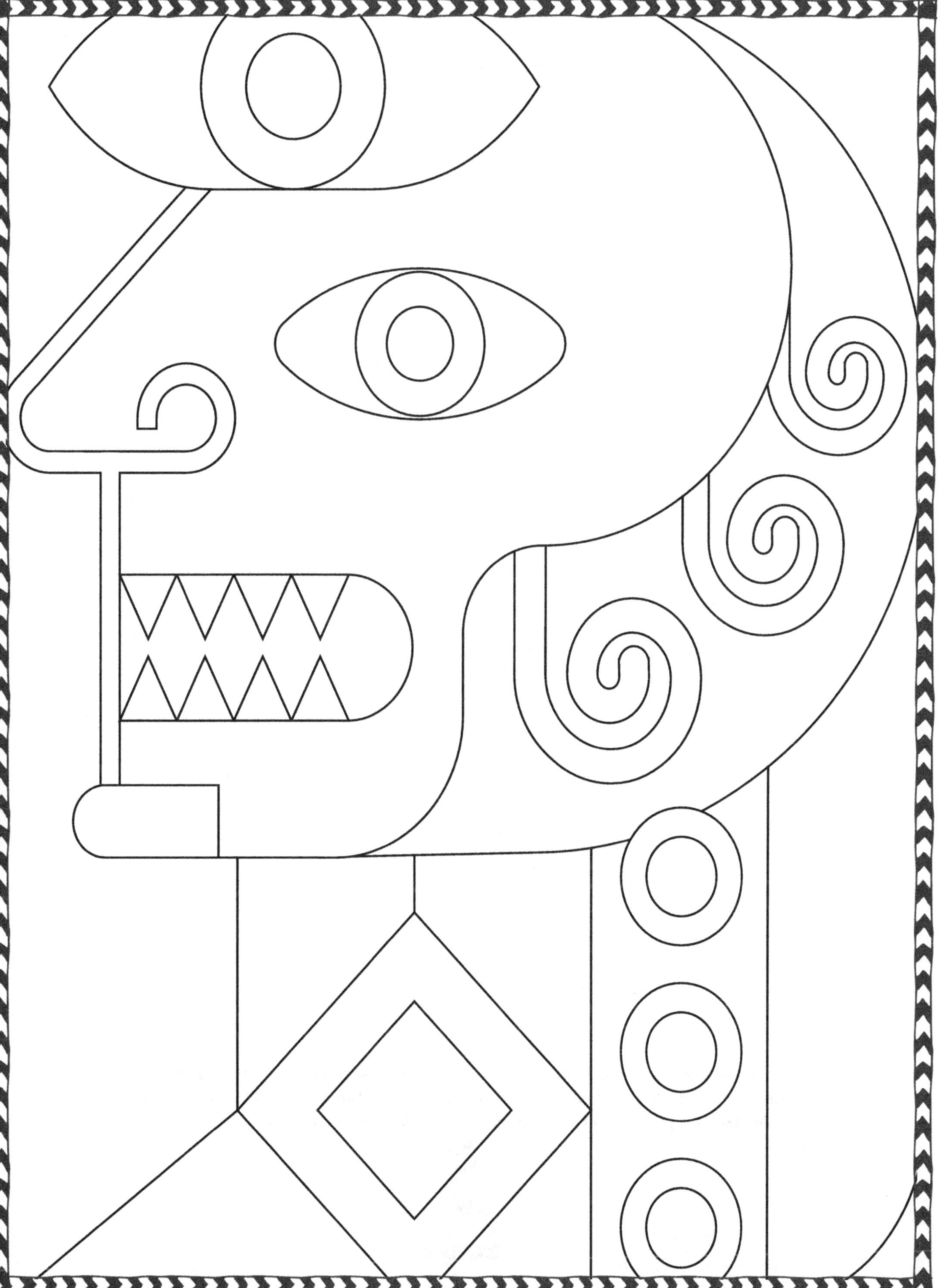

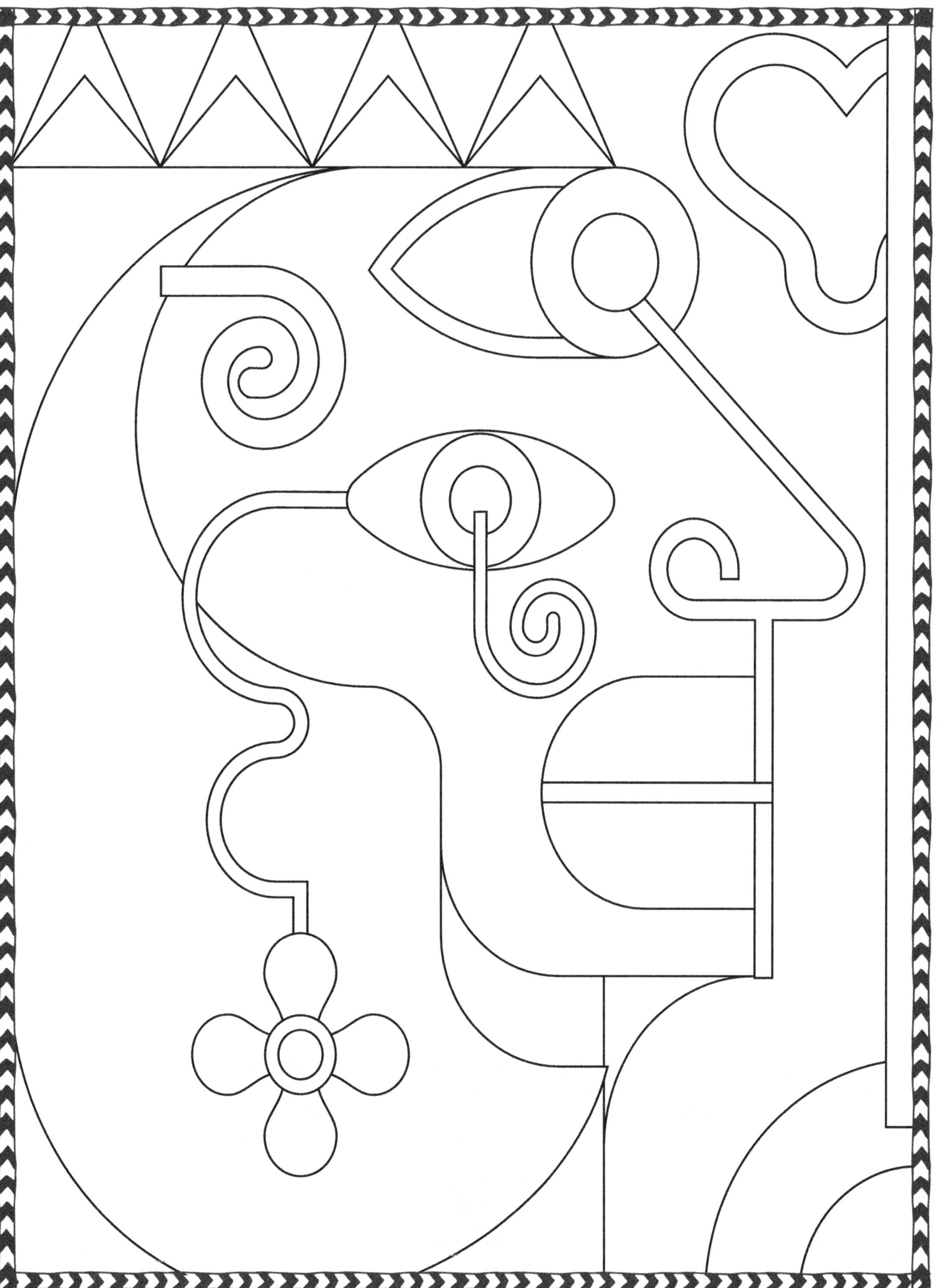

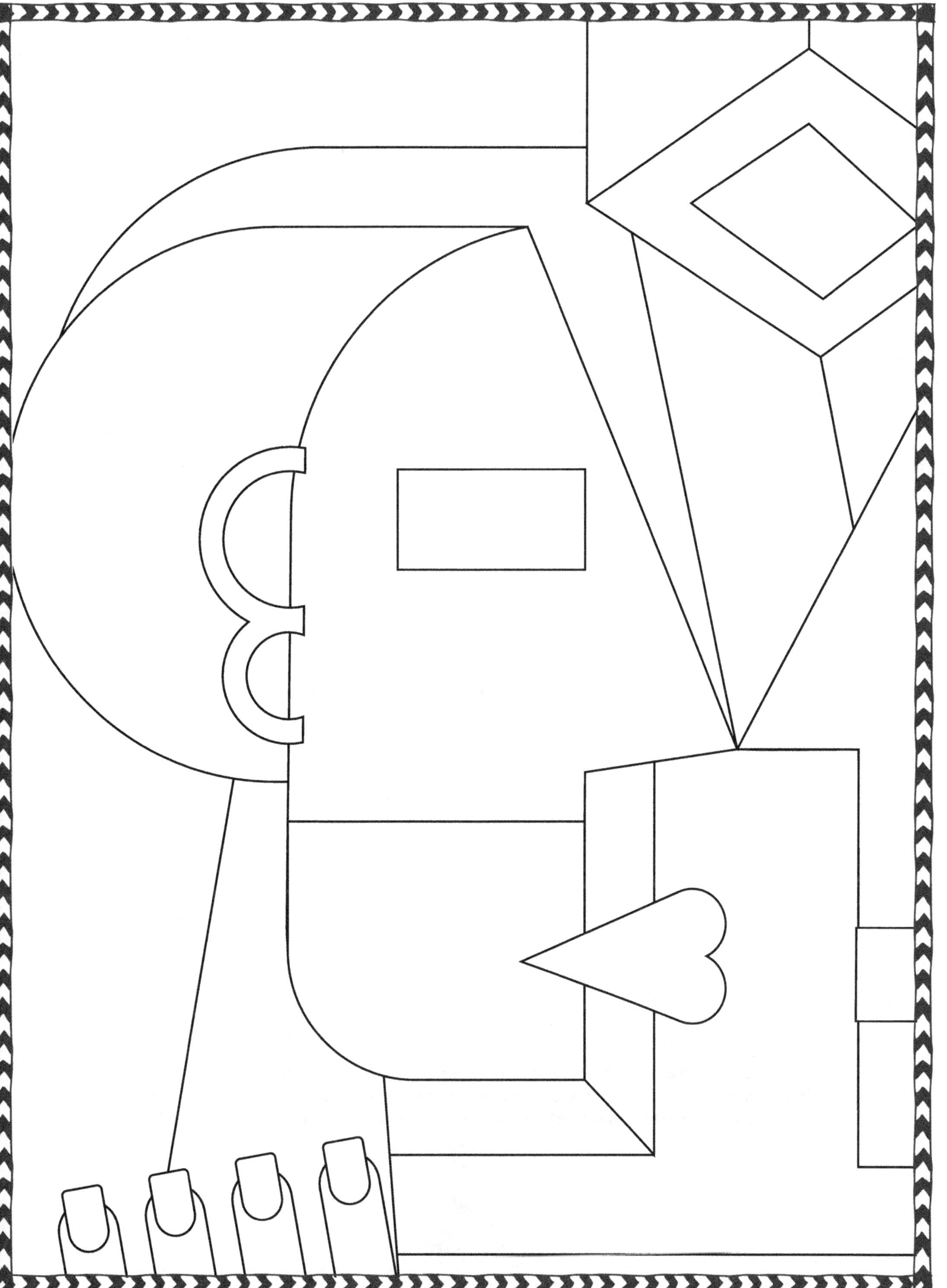

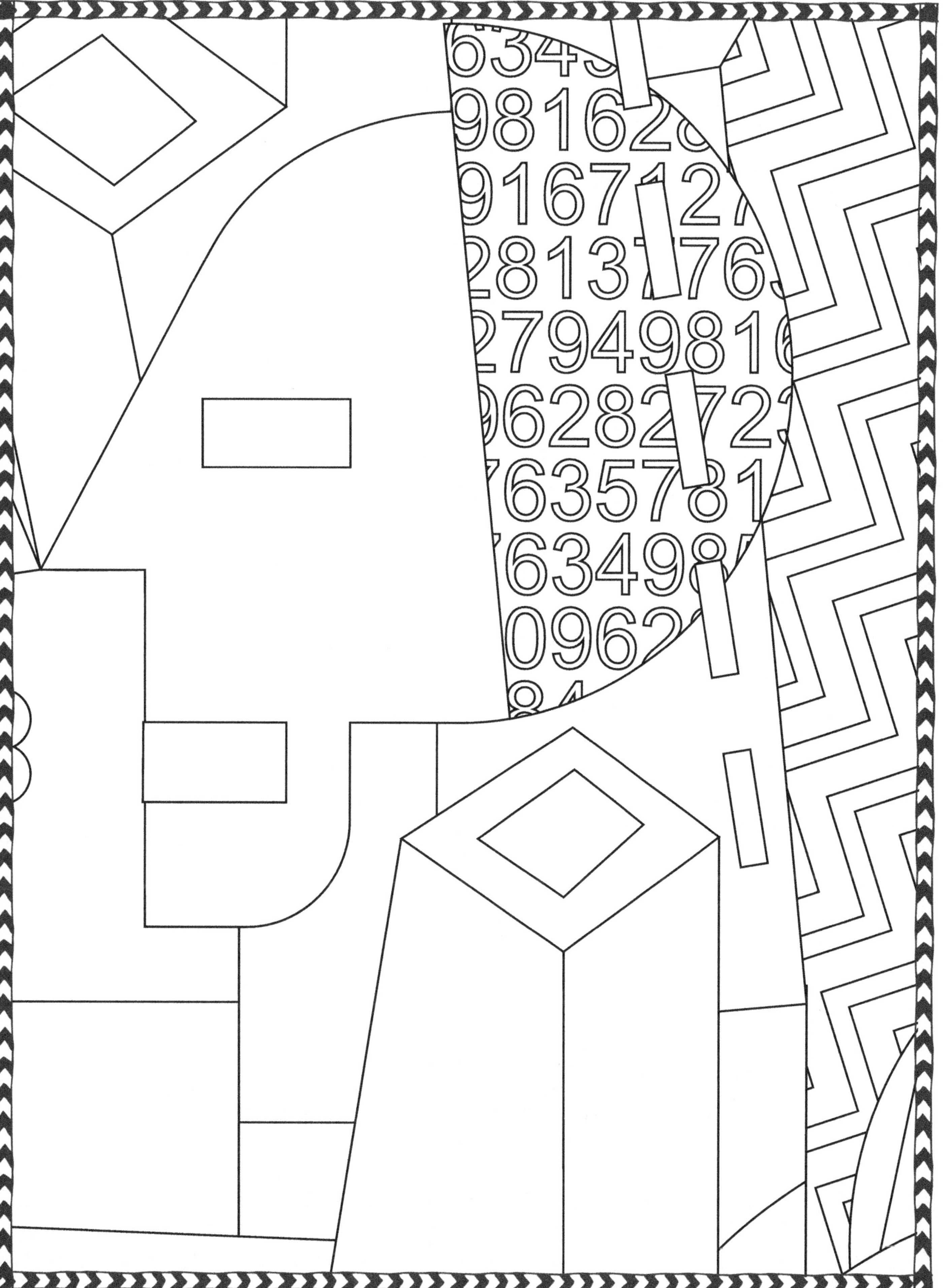

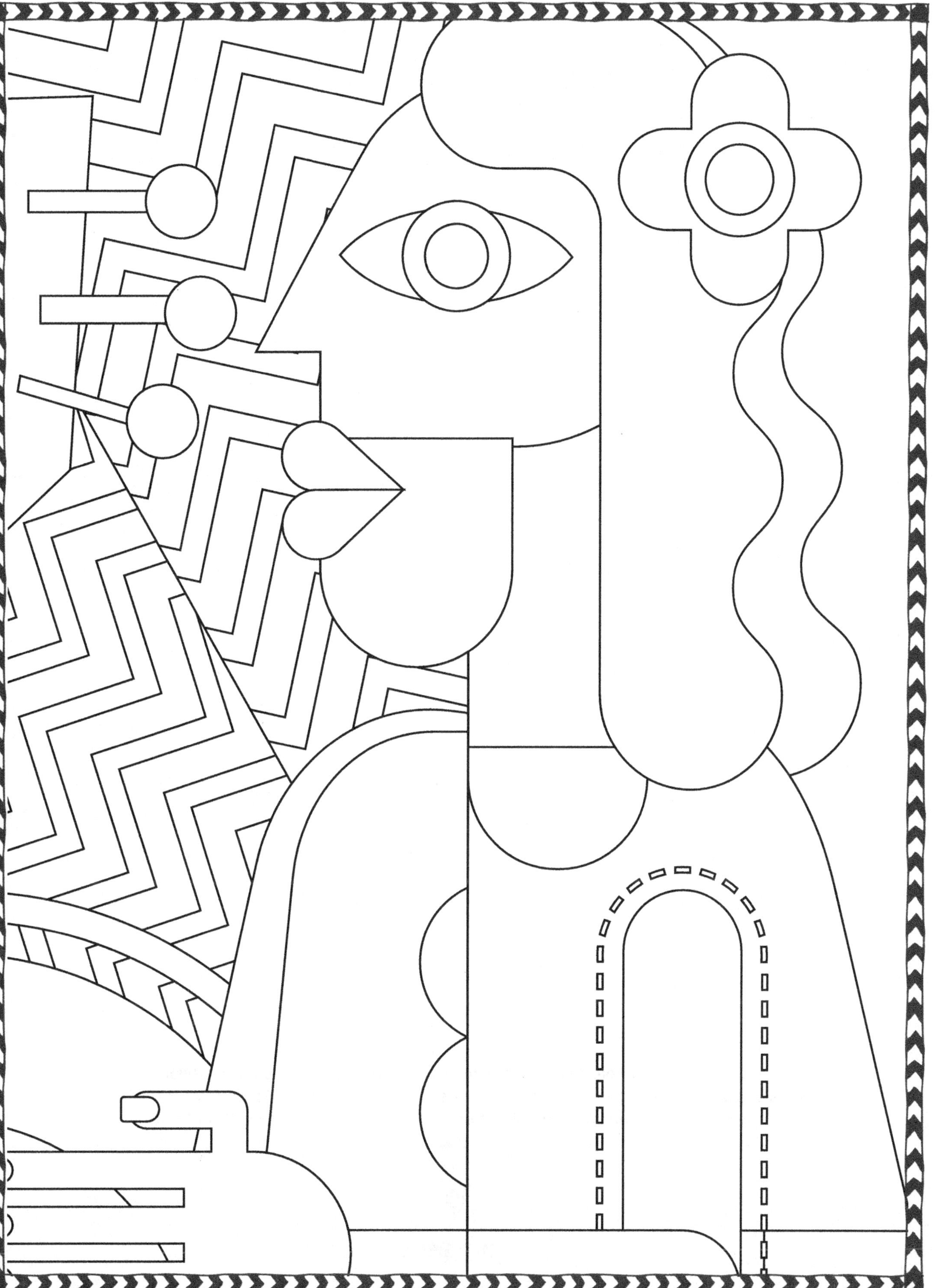

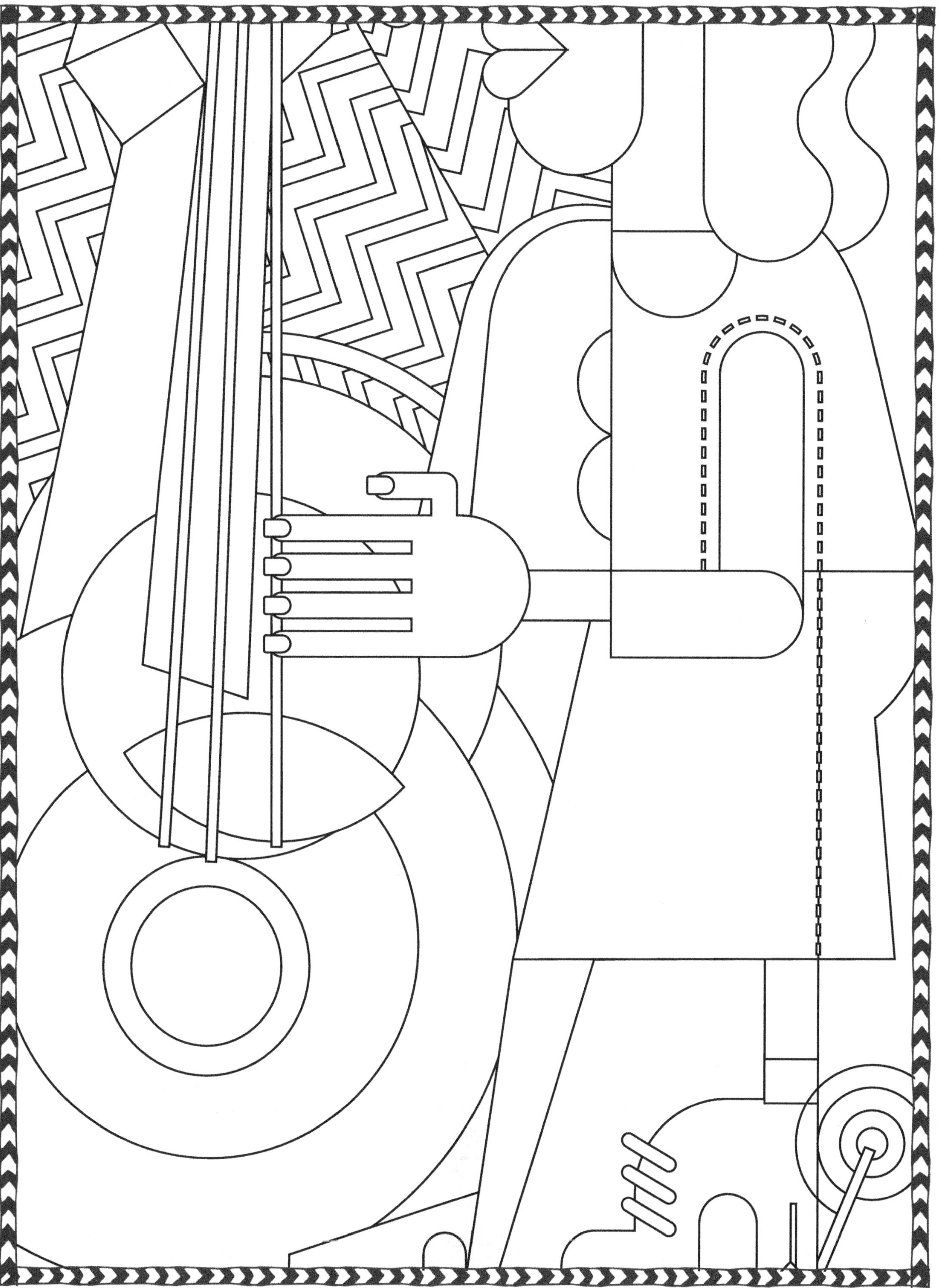

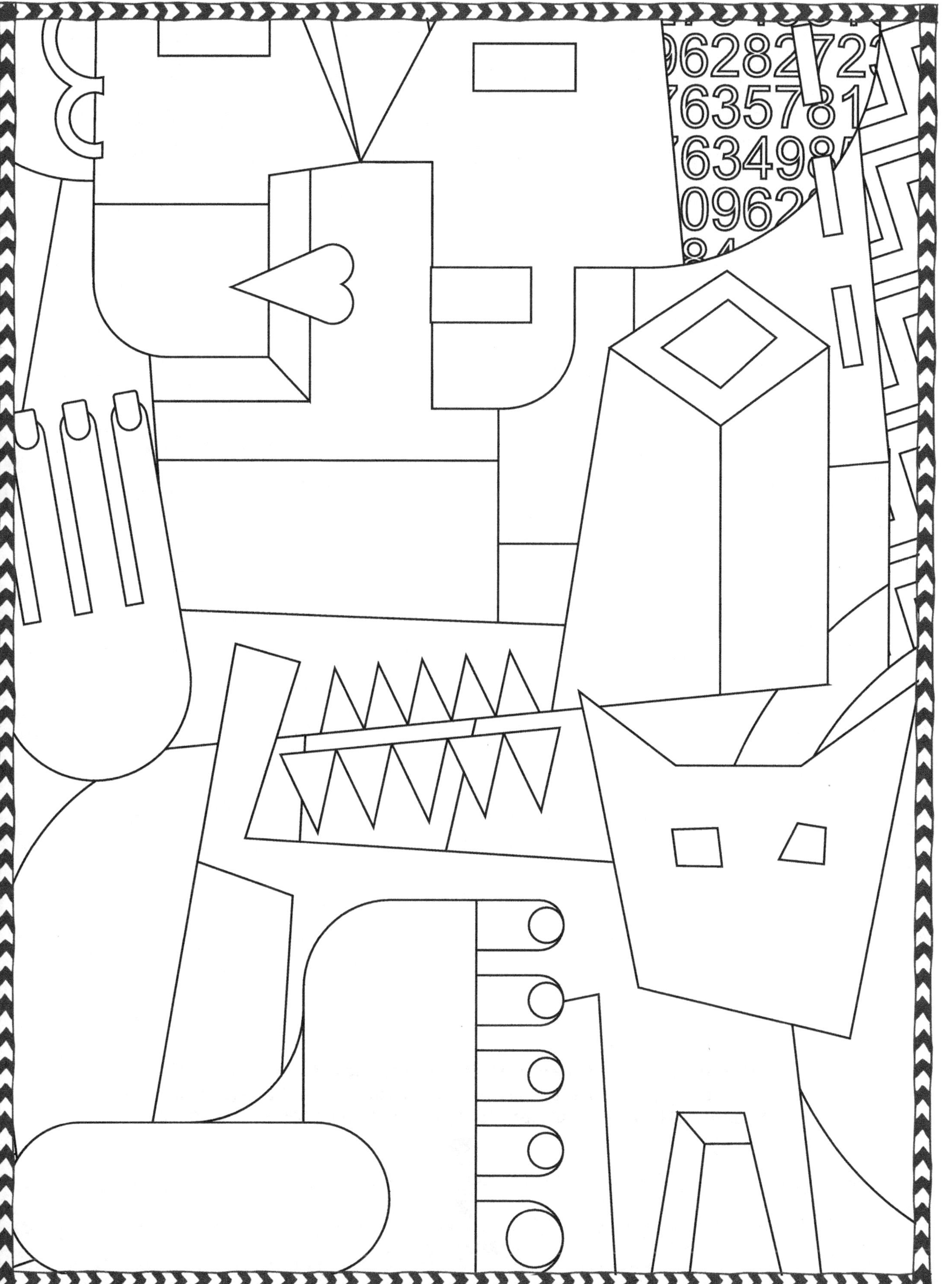
0628272
763578
63498
0962

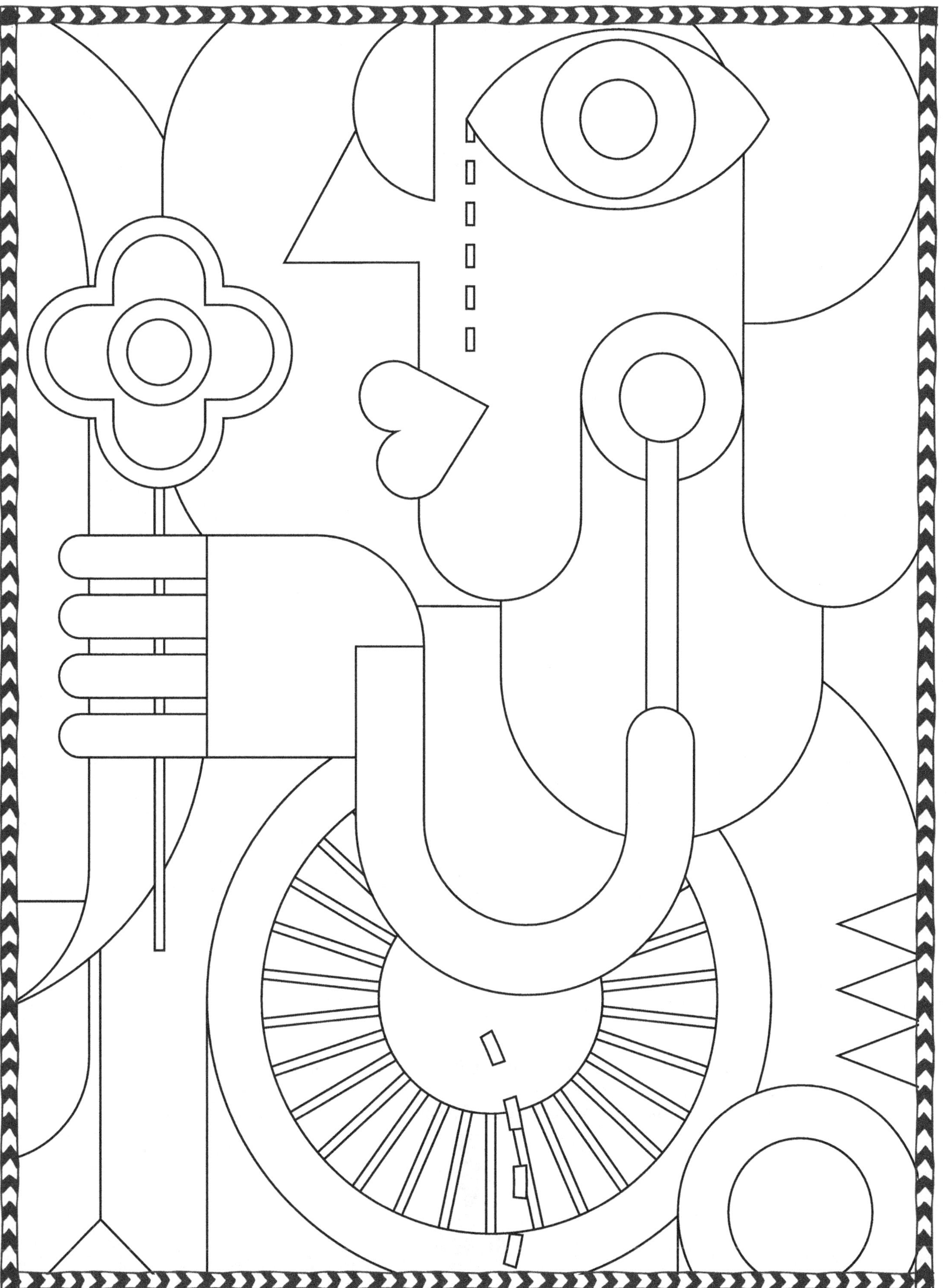

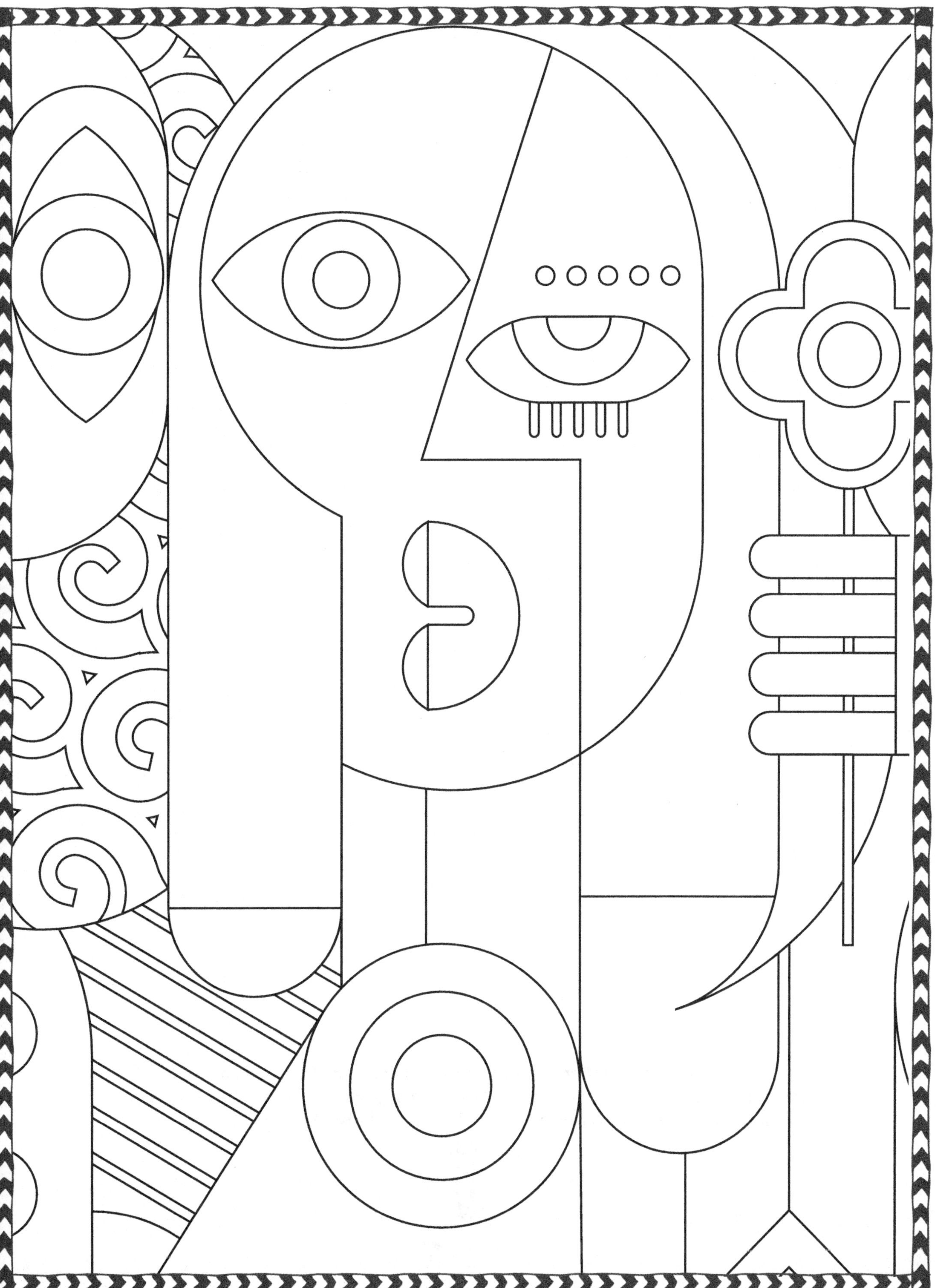

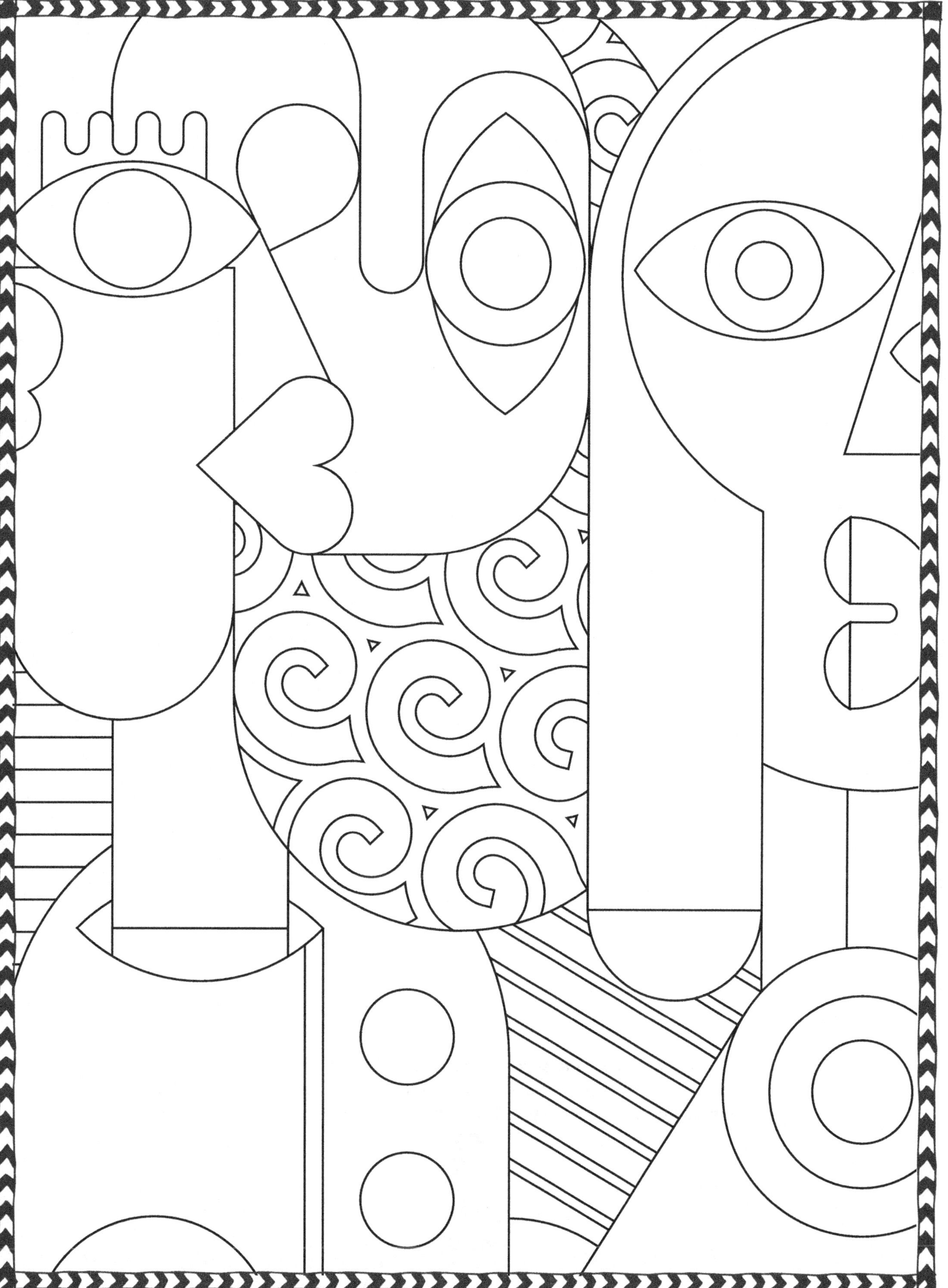

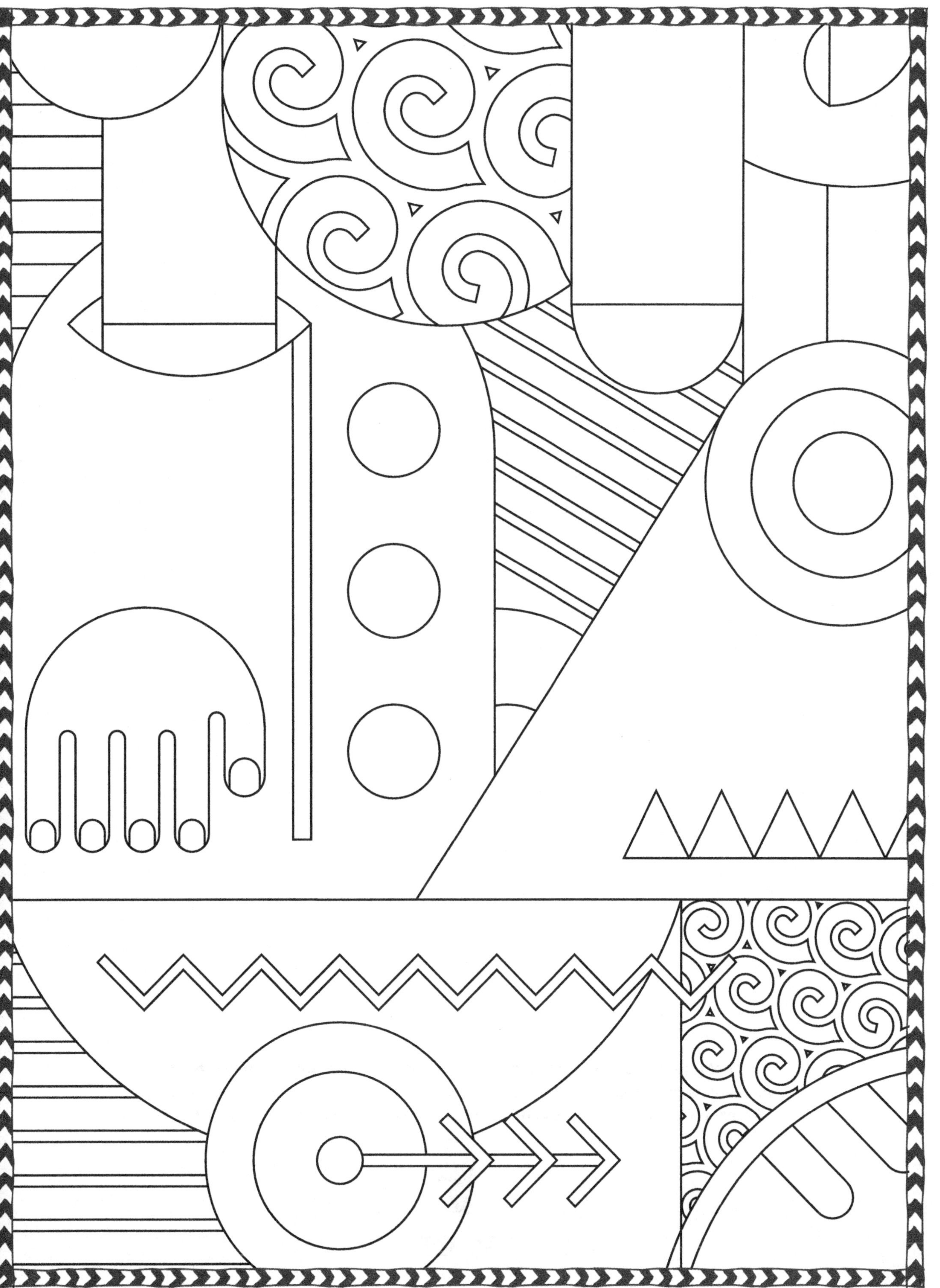

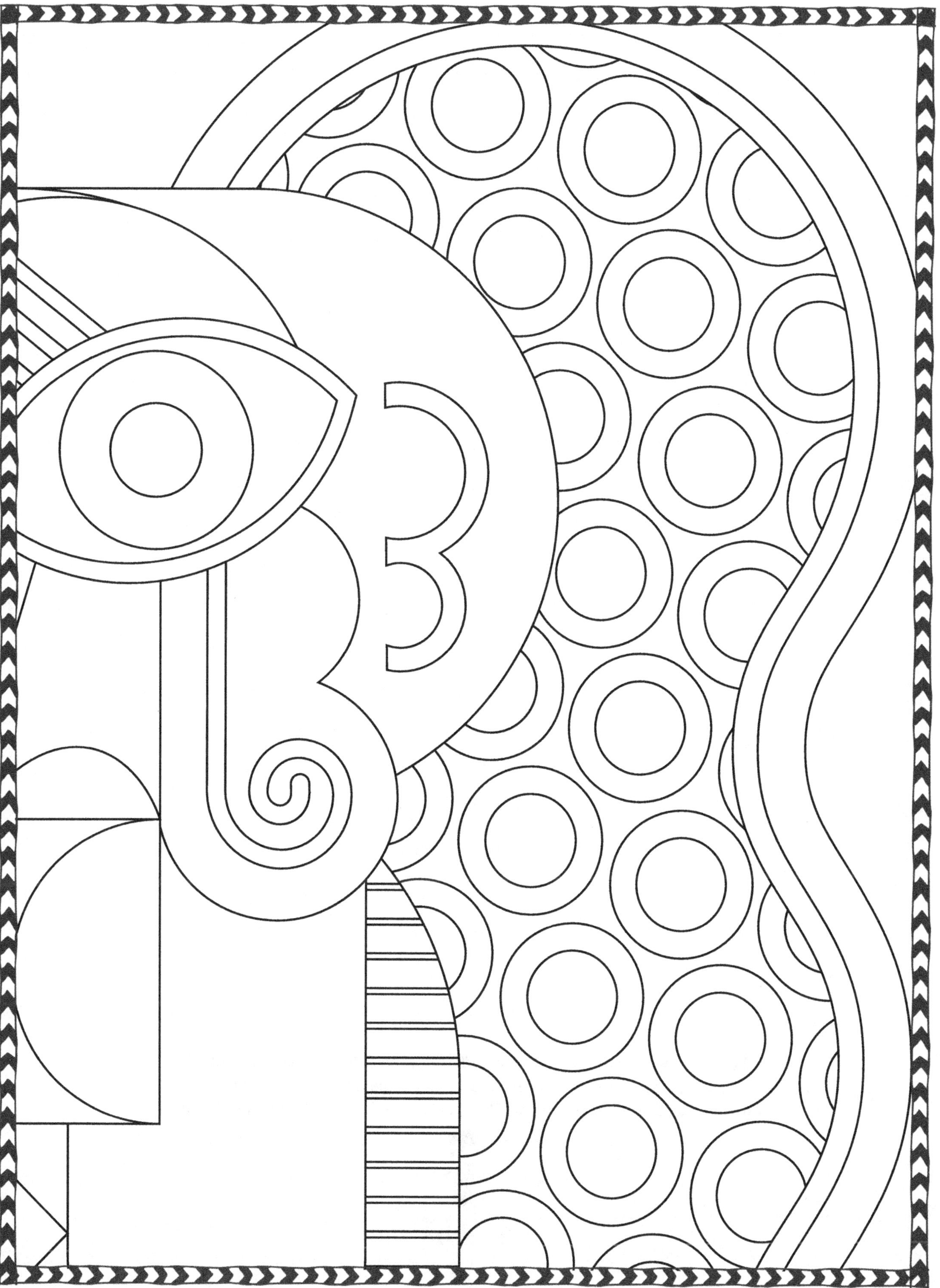

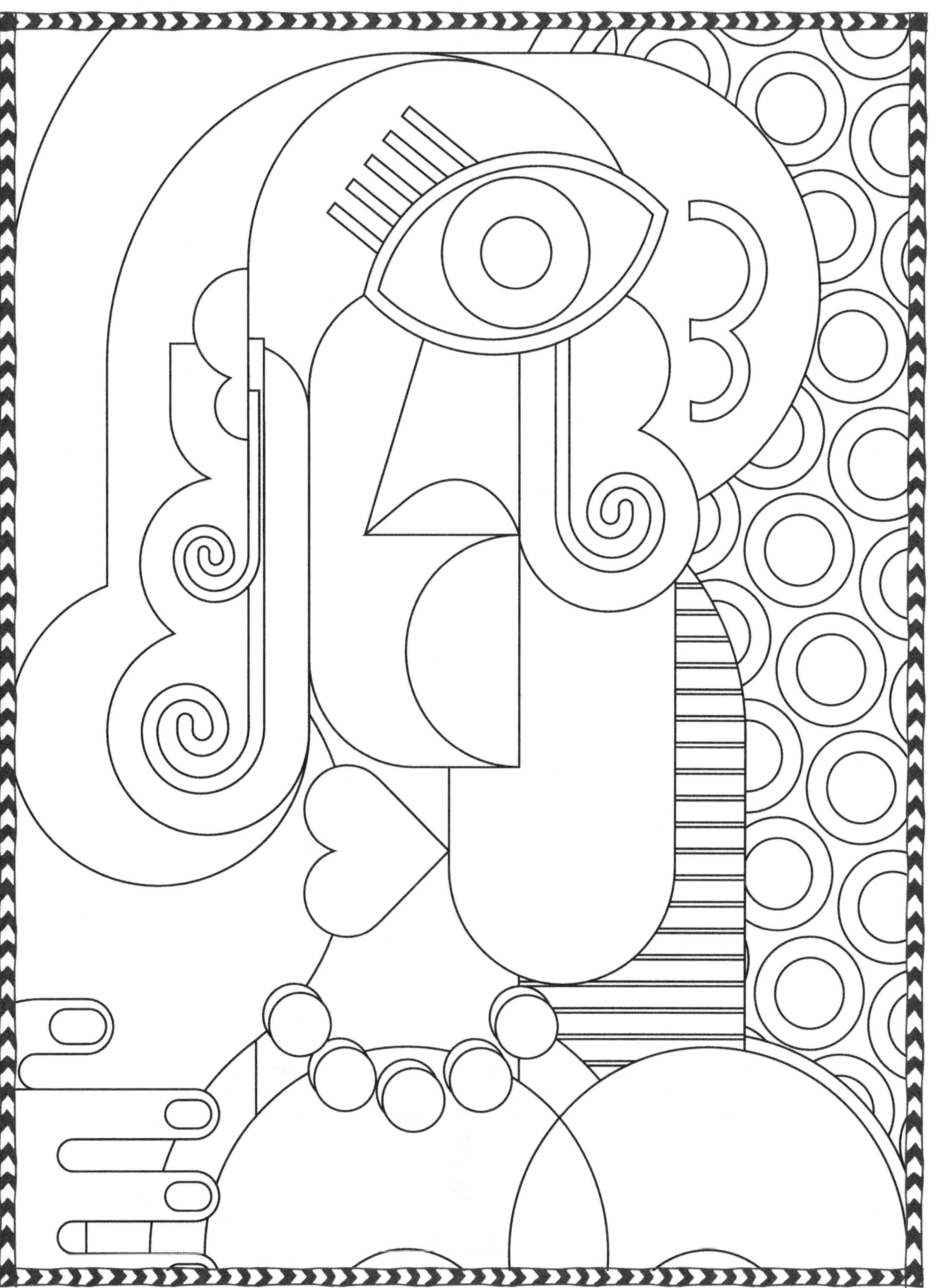

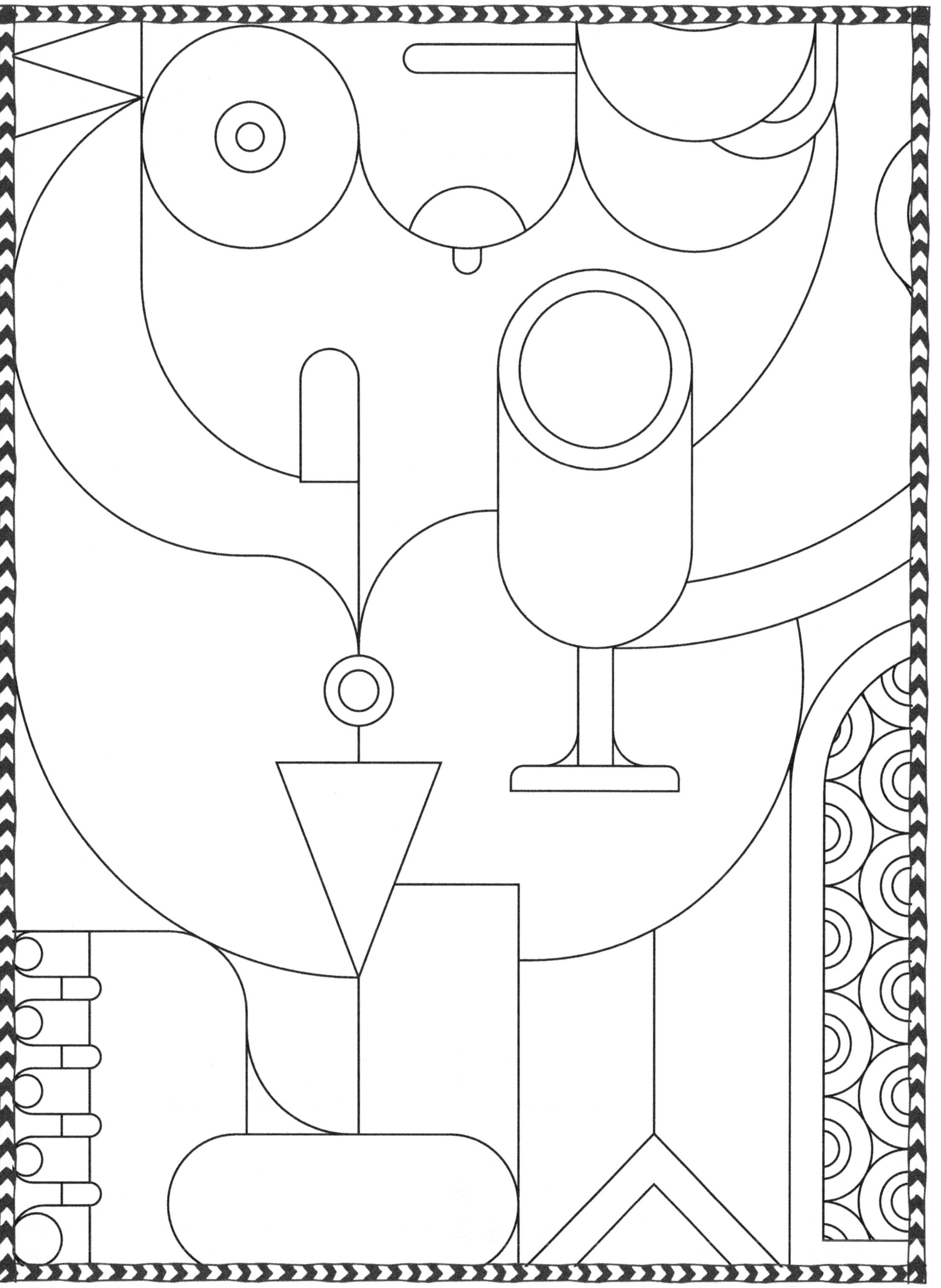

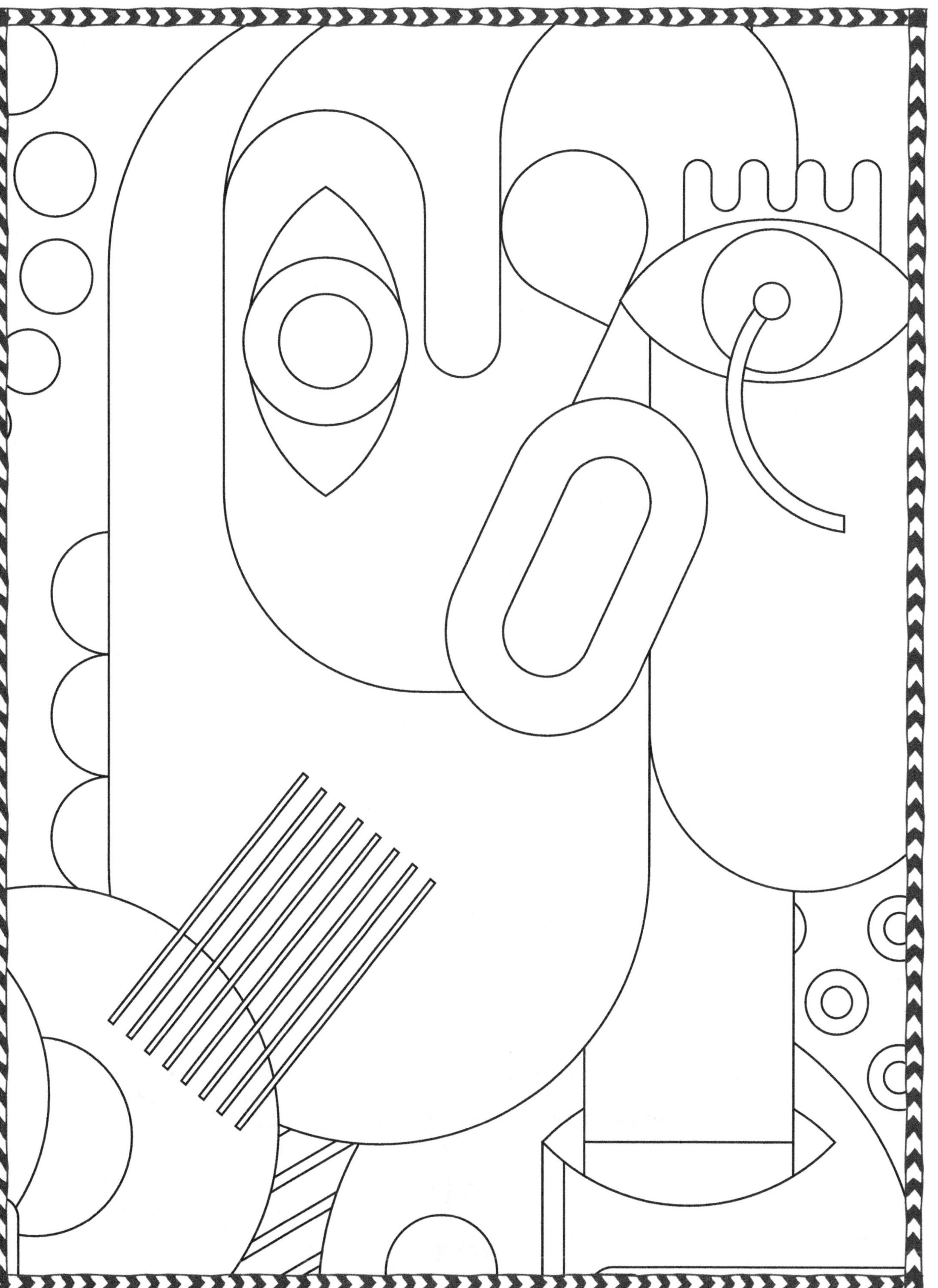

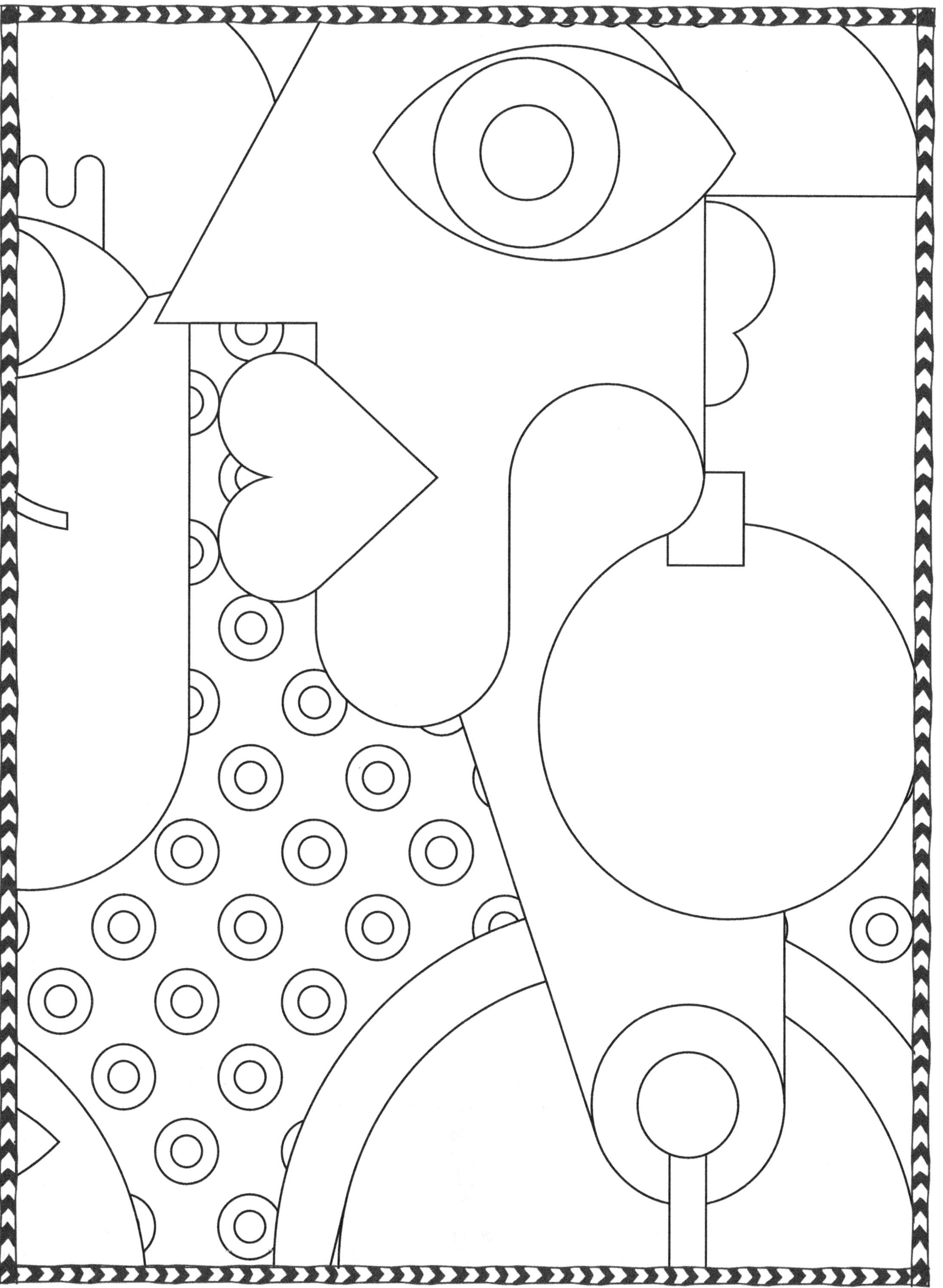

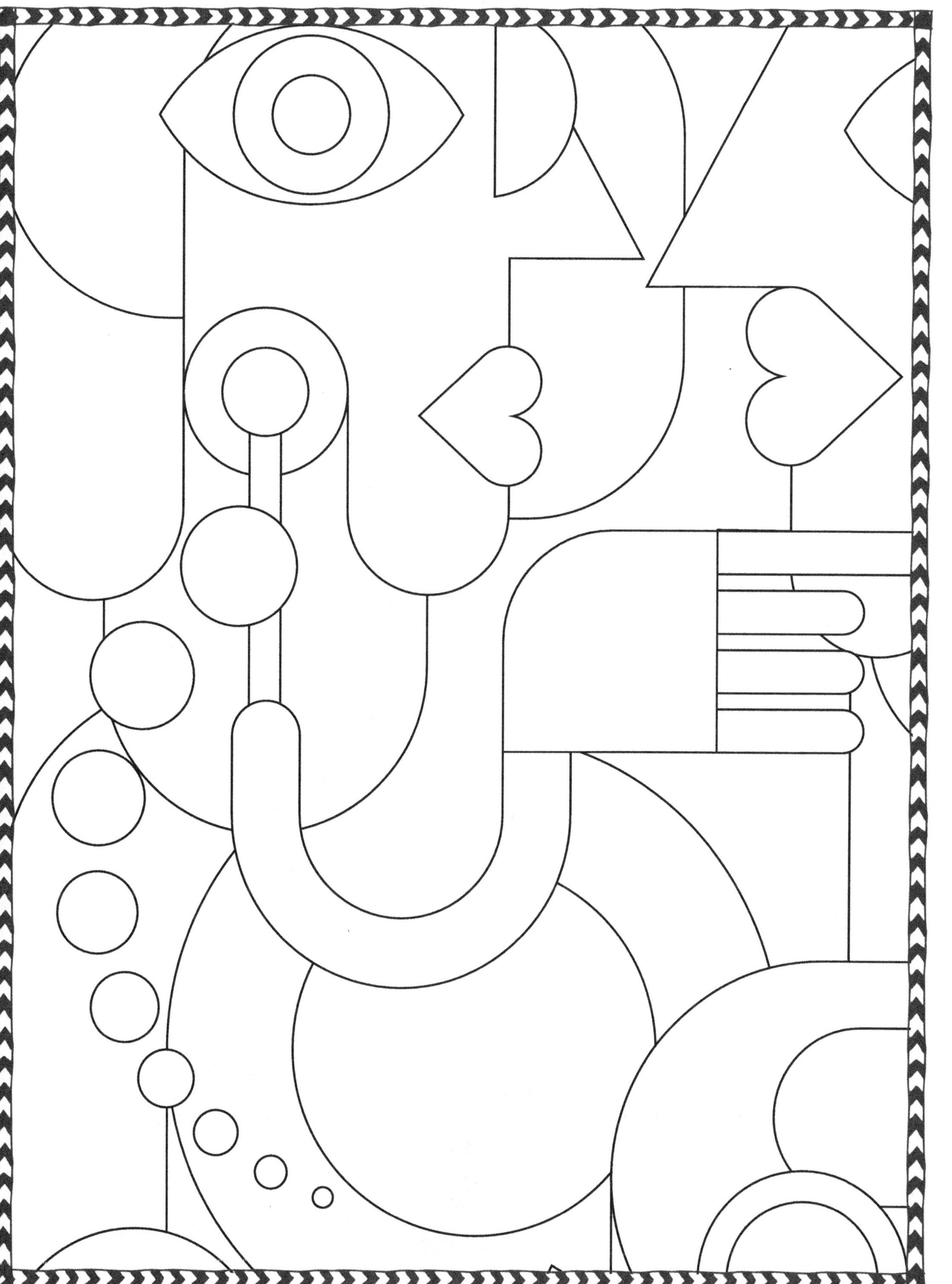

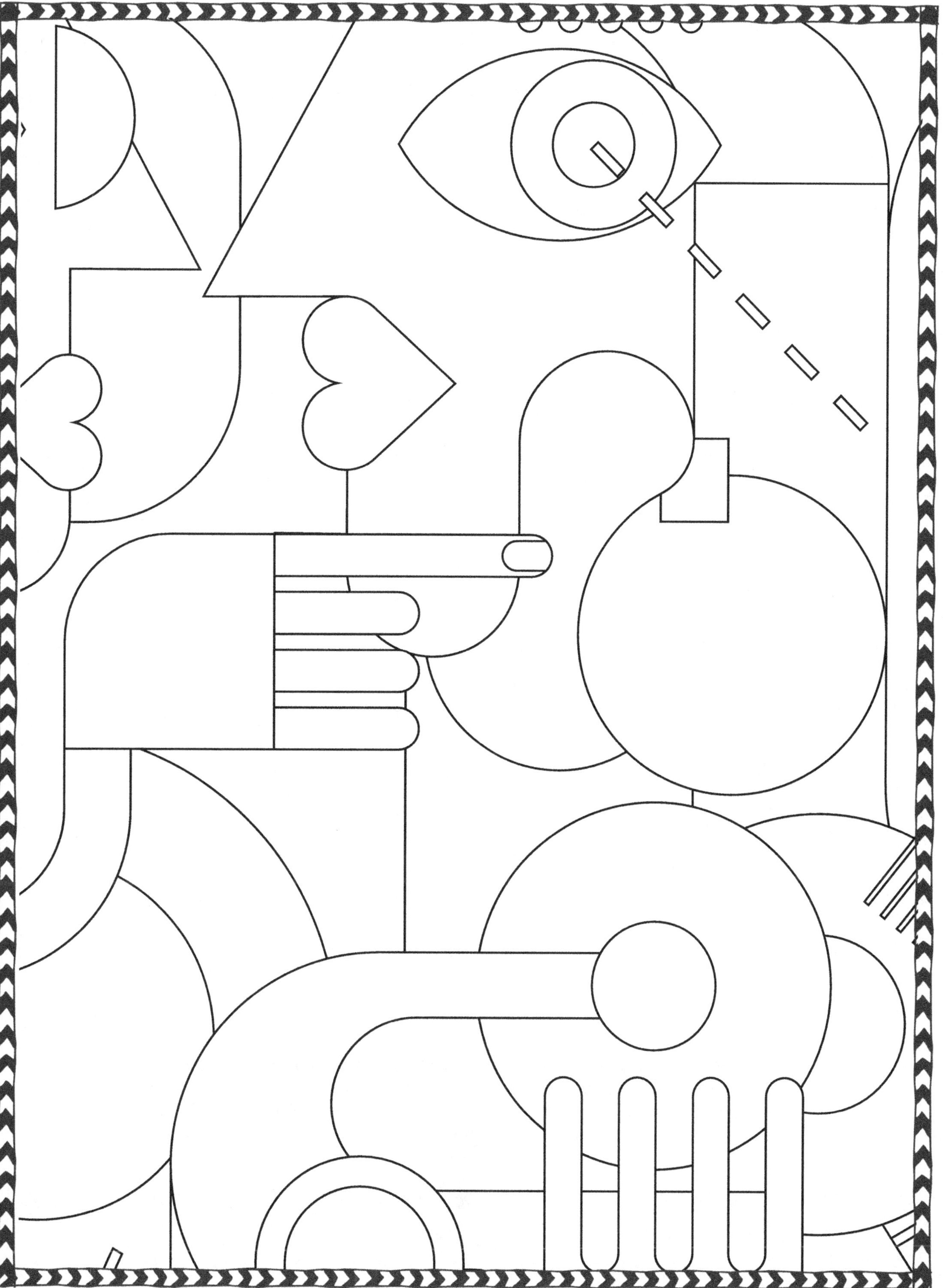

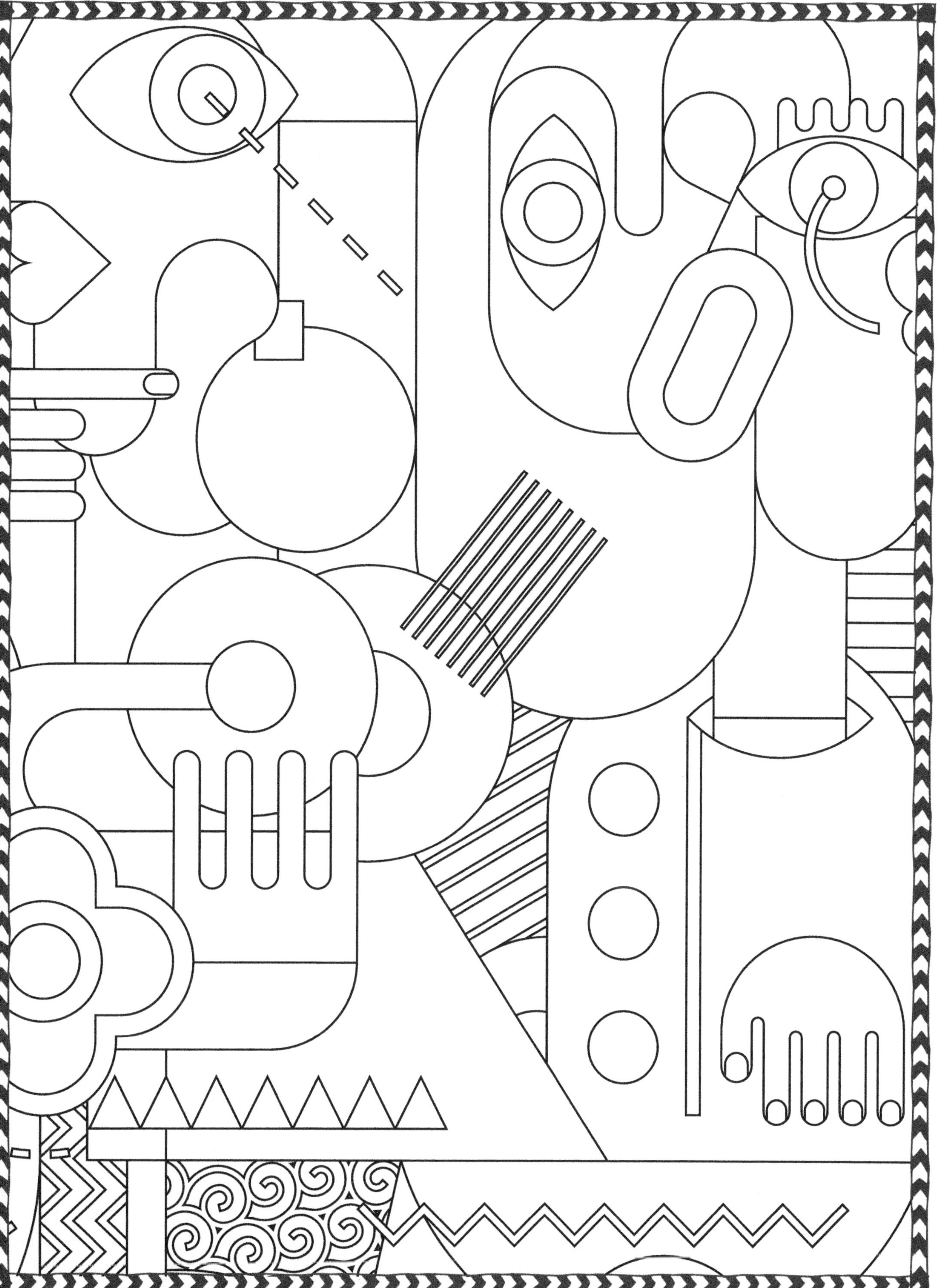

Made in the USA
Monee, IL
07 July 2026